Gastronomía sevillana

el paseo | memoria

Manuel Ferrand

Gastronomía sevillana

Elogio y estirpe de una cocina tradicional

el paseo, 2025

IMÁGENES: Archivo familiar. Titulares en sus respectivos pies.

www.elpaseoeditorial.com
Colección Memoria

1.ª edición en El Paseo: octubre de 2025

Esta edición ha contado con la colaboración del Ayuntamiento de Sevilla.

Diseño y preimpresión: EL PASEO EDITORIAL
Maquetación y cubiertas: Jesús Alés
Corrección: El paseo editorial
Impresión y encuadernación: Gráficas La Paz

I.S.B.N. (OBRA REUNIDA) 978-84-19188-80-9
I.S.B.N. (VOLUMEN) 978-84-19188-79-3
DEPÓSITO LEGAL: SE-2638-2025
CÓDIGO THEMA: NHT; WQ

Impreso en España

Contenido

PRÓLOGO. Ferrand, comensal fino y melancólico

Atribuimos a Manuel Ferrand la categoría de mero comensal, y no la más historiada de *gourmet* o la menos rigurosa de *gourmand*, por cuanto su intención declarada, al escribir estas páginas, no era la de ponderar la excelencia de la gastronomía sevillana, sino la de fijar su silueta histórica, acudiendo tanto al acervo erudito, de Columela y Virgilio en adelante, como al testimonio popular recogido por los flokloristas del XIX, desde los Machado (Álvarez y Núñez) a Pardo de Figueroa, quien firmaría como doctor Thebusem. Ello no implica, en ningún caso, que estemos ante un ensayo inhóspito o prolijo. Una de las galas literarias de Manuel Ferrand fue esta de utilizar un lenguaje ceremonioso y vivo, en el que el humor es parte principal, administrada con las cautelas debidas. Ferrand es, antes que nada, un excelente escritor; y como tal baraja la *re coquinaria* de Marco Apicio, ayudándose de sus notables conocimientos de la cuestión, pero ofrecidos al gusto lector con levedad y destreza.

Así, entre la nómina de escritores españoles que, en la segunda mitad del XX, dedicaron algunas páginas a la gastronomía, uno echa a faltar el nombre de Manuel Ferrand. No ocurre esto, sin embargo, por un prurito localista, tan inconveniente como innecesario, sino porque su obra, la *Gastronomía sevillana* que hoy presentamos, se ajusta con naturalidad a un canon establecido tácitamente. A los nombres de Néstor Luján, Álvaro Cunqueiro, Joan Perucho, Manuel Vázquez Montalbán, Xavier Domingo, José Esteban, José María Castroviejo y algún otro que se nos olvida, debe añadirse, pues, este otro Manuel

Ferrand cuya gastronomía tiene una connotación temporal, una inclinación hacia la pertinencia y el rigor históricos, similar a la que practicaron los autores del ramo: *La cocina cristiana de Occidente* (Cunqueiro), *Historia de la gastronomía* (Luján), *El libro de la cocina española* (Perucho), *Breviario del cocido* (Esteban), *La mesa del Buscón* (Domingo), *Teatro venatorio y coquinario gallego* (Castroviejo en conjunción con Cunqueiro)... En todos ellos se advierte, desde el título, una predilección por el conocimiento sumario y su estratificación en periodos. Predilección que alcanzará incluso a Vázquez Montalbán, cuyos saberes gastronómicos se ofrecieron dispersos en las novelas de Pepe Carvalho, pero cuyo tono ensayístico y argumentativo fue, acaso, superior al del resto.

A esta peculiar forma de gastronomía pertenece la obra de Ferrand. En ninguno de los libros citados se encontrará una receta precisa, ni el detallado seguimiento de su elaboración. Sí encontrará, no obstante, aquellos sucesos históricos y las particularidades geográficas, políticas y de todo orden que condicionan la gastronomía de una ciudad, de un país y de una época. A este respecto, recordará Ferrand uno de los episodios decisivos en el alumbramiento de la Modernidad, que se fragua, precisamente, en Sevilla. «Recuerde el lector –escribe Ferrand– que en las cocinas sevillanas mejor abastecidas de a comienzo de la Edad Moderna no había lugar para el pimiento, la patata y el tomate». Esto es, no había lugar para la fabulosa variedad vegetal y animal que llegará a Europa tras los viajes de Colón. El mencionado Luján tiene una novela breve, *La Puerta de Oro*, donde estos hallazgos gastronómicos y medicinales venían expuestos a través de la figura histórica del médico Monardes, autor, nada menos, que de una *Historia medicinal de las cosas que se traen de nuestras Indias occidentales que sirven en medicina*, impresa en 1565 en esta «Nova Roma» renacentista. Dos décadas antes, el propio Nicolás Monardes había publicado la *Sevillana medicina* de Juan de Aviñón, obra del siglo anterior, en la que se recogían apreciaciones de carácter médico y alimenticio referidas a la ciudad, y a la que Ferrand le otorgará no poca importancia en estas páginas. También cita Ferrand el *Libro de guisados y potages* de Ruperto de Nola (1525), *La Lozana andaluza* de Francisco Delicado, el *Arte de cocinar* de Martínez Montiño (1611), cocinero de los tres Felipes españoles, segundo, tercero y cuarto; junto a otras muchas obras literarias (Cervantes, Lope, Góngora, Vélez de Guevara, las *Etimologías* de Isidoro de Sevilla, el *Tratado* de Ibn Abdun, editado por Lévi-Provençal y García Gómez…), donde se consignan noticias de la gastronomía sevillana, ya sea el pan de Gandul que tanto gustó a Lope; ya el melancólico esturión, hoy desaparecido por falta de voluntad recreativa; ya la tortilla cartujana, germen de la tortilla francesa, que tuvo su origen en la cartuja de Santa María de las Cuevas; ya los pasteles de carne que deploró, con razón, Quevedo; ya, en fin, el antiquísimo gazpacho, muy anterior al tomate, refrescado con el no menos antiguo hielo de las sierras cercanas.

En puridad, lo que se ofrece vivamente en estas páginas es una breve historia de Sevilla (y de España, y del Occidente pre y post americano), a través de sus alimentos. Una historia que podemos encontrar también, entremetida sutilmente, en otras dos de sus obras capitales, que gozaron de justa fama: *La naturaleza en Sevilla* y *Calles de Sevilla*, recuperadas junto a su *Gastronomía…* para el centenario del autor. Pero una historia que en Ferrand, este Ferrand de los años 70, viene urgida por cierta melancolía, fruto de la vertiginosa uniformidad (alimentaria, arquitectónica, automovilística), que entonces triunfaba aparatosamente sobre el siglo. Dicha inquietud, sin embargo, no ocultará a Ferrand ciertos veneros populares donde la tradición acaso prevalezca. Es, por tanto, en la cocina doméstica, una cocina obrada por mujeres, principalmente, donde el reflexivo comensal Ferrand encuentra, junto al carácter imaginativo de su ciudad, que arboló una espléndida gastronomía con los alimentos más modestos, el perfumado residuo de otra hora del mundo. De algún modo, un modo que pudiéramos llamar púdico y documentado, esta *Gastronomía sevillana* de Ferrand recuerda al lector que la necesidad de historiar tiene su fuente en el estrepitoso olvido.

MANUEL GREGORIO GONZÁLEZ

Gastronomía sevillana

Elogio y estirpe de una cocina tradicional

Propósito

«No piense el lector que pretendo sentar plaza o mesa de erudito en gastronomía, que es especialidad para muy pocos, porque exige fino paladar, estómago fuerte y experimentado y excelente digestión de muchísimas lecturas. Menos aún que me dedico en las horas libres –quién las tuviera…– al noble oficio cocineril, que como profesión es muy digna y de las más solicitadas, según tengo entendido.

»Si me ve escribiendo sobre el comer y el beber no es porque frecuente fogones ni bibliotecas del género, sino porque se me vino el tema a las manos sin esperarlo, al ver que andaba desparramado por multitud de libros de los que he ido leyendo durante años. El tema, ya lo ven, es la cocina sevillana; y los libros, muchos y muy diversos, los más de literatura, algunos de historia y casi ninguno de cocina. Así que lo que sigue no es el resultado de una búsqueda más o menos afanosa, sino de unos encuentros sabrosos y fortuitos. Claro que esto fue al principio; tuve luego que releer para ir atrapando en notas lo que la memoria no retuvo, y recurrir a recetarios para imaginar sabores con algún asomo de certidumbre.

»Intento dar noticias de lo que el sevillano ha venido comiendo y bebiendo desde antiguo; a lo mejor, desde el tiempo de los visigodos, que para eso dejó algo escrito el bueno de san Isidoro, tan atento a todos los saberes. Se contará algo de los caprichos culinarios de los sevillanos musulmanes y luego de los ya cristianos, a partir del siglo XIII. Y de ahí en adelante se hace lo que se puede, sin excesos, con la cautela siempre de que no resulte indigesto alarde de prestada sabiduría.

»Como nada nuevo hay, y menos en el mundillo de los investigadores, alguno habrá que sepa mucho de lo que aquí se trata. Estos que digo no ignoran, por ejemplo, que lo gastronómico ha sido ocasión de cita de novelistas y de historiadores y de inspiración para los poetas; que tres siglos antes de Baltasar de Alcázar, juglares de la corte de Alfonso X, en Sevilla, dedicaban trovas a los buenos platos, como aquel Pay Gómez Charinho, que cantaba al «buen yantar», o Men Rodríguez Tenorio, que describió todo un banquete palaciego. Que en el siglo XIV, un médico de Sevilla, francés de nacimiento –Juan de Aviñón–, dejó recetas y consejos y, de paso, relación de toda suerte de viandas que por aquí se consumían. Puede que hasta sepan de corrido la archiconocida relación de cazuelas, frutas de sartén, letuarios y demás primores de cocina de que presumía en Sevilla la Lozana andaluza; y tantos de otros platos que a partir de por entonces aparecerán aquí y allá, como ya se ha dicho, en obras numerosas. De algunos de ellos, que no de todos, ni muchísimo menos, me ocupé al preparar este trabajo. De los demás, se ocupen los que con mayor conocimiento y tiempo cuentan.

»De mí diré que me metí en esto por la abundancia de notas curiosas y hasta divertidas que iba recogiendo; por la notable antigüedad que encontré en algunos de nuestros platos todavía habituales; por divulgar recetas sevillanas muy antiguas y tan sabrosas que resultan recomendables, y hasta por el orgullo que para mi sevillanía supuso dar como muy probable que más de un plato hoy universal naciera precisamente en este antiguo reino. Y, sobre todo, porque no he logrado encontrar ningún otro trabajo acerca del tema circunscrito a la ciudad de Sevilla. Esto es todo. Sea benévolo el lector y buen provecho».

Fueron estas las palabras preliminares de un trabajo que hace unos años se publicó, como serial en *ABC* de Sevilla. El mismo que ahora aparece revestido de libro. sino que ampliado con algún que otro capítulo y con las numerosas añadiduras que se me ocurrieron luego de nuevas lecturas. Ya metido en el tema se me venían a las manos y no era cuestión de desecharlas así que el histórico y más o menos curioso convite que se ofrece ahora, está si no completo, más repleto.

Como sigue siendo obra de gustoso capricho y no doctoral informe de dómine sesudo y rebuscador hasta el infinito, poco me preocupa que se echen de menos datos y detalles, porque haber intentado un tratado definitivo sobre la materia hubiera sido en mí pretensión tan impertinente como ingenua. Lo que sí aseguro es que intenté en todo momento que este ensayo si es que a la categoría de ensayo llega fuera trabajo serio aunque vaya espolvoreado con dosis de humor las precisas para hacerlo más viable y digerible.

Pretendí también que por su índole más informativa e histórica que otra cosa no haya caído en aquello que señalé alguna vez en otro escrito, que la gastronomía no suele ser más que un género literario; cultivado a veces, eso sí, por gente de pluma envidiable, pero género, al fin y de los más imaginativos; en no pocos casos, resueltamente fantasioso a fuerza de erigir propias preferencias en andas de alegres y encaramados adjetivos, hasta los confines de la hipérbole. Cosa del entusiasmo por el regusto de la patria chica, del particularísimo paladar o del saboreo de oídas.

A veces, lo imaginativo, en esto de la gastronomía, no se detiene en el exaltado requiebro de tal vino o cuál guisado, sino que cae en la marrullería del gato por liebre con una impavidez que asombra. De esto me ocupé hace poco al contar los casos que se me vinieron a la memoria de unos platos, dicen que actuales, presuntamente sevillanos, de los que jamás oí hablar ni tuvieron referencia mis amigos.

Aquí se intentó –ya lo comprobará quien lo leyere– dar noticia de lo aprendido y hacerlo de un modo tal que no se me tachara de intentar saber más que de los que de veras saben.

Que resulte provechoso y placentero, porque con estos propósitos de servir al lector, sirvo también a las intenciones de quien me ampara con la edición del trabajo: al Monte de Piedad y Caja de Ahorros de Sevilla, sin cuyo generoso patrocinio no hubiera sido la edición posible. Para la benemérita entidad, mi gratitud. Para el lector, vuelvo a decir, a la usanza antigua, que buen provecho le haga.

M. F.

De lo mucho y bien que comían en sevilla los que comían

Cambian los gustos, cómo no, en esto del comer y del beber. Cada ingrediente principal que aparece significa, a la larga, una renovación en las comidas habituales. Recuerde el lector que en las cocinas sevillanas mejor abastecidas de a comienzo de la Edad Moderna no había lugar para el pimiento, la patata y el tomate. Contaba, sí, con caza abundante, con carne fresca, o cecial, la que hoy llamamos curada; con pescado en salazón y con peces de la por entonces abundante fauna del río y de los que arribaban por barco desde Sanlúcar; amén de lo que ofrecía el campo de la comarca, en verduras, legumbres, frutas y cereales. A la hora de preparar almuerzo y cena, seguía vigente la remota tradición mediterránea, con añadiduras moriscas; me refiero a la profusión de especias, plantas aromáticas y jarabes; y al empleo intensivo del vinagre, de la miel y del azúcar, para las salsas agridulces o dulces del todo, aun en manjares que no eran de postres. Ya en el siglo XIV se dejó escrito que «nunca el azúcar daña la vianda».

La abundancia y la calidad del aceite de oliva propiciaba el alimento en ensaladas y gazpachos; y las llamadas frutas de sartén, muy diversas y suculentas, una de cuyas joyas perdurables es el humilde y sabroso pestiño, y, en su tiempo preciso, la torrija.

El uso de las especias, que hoy tendríamos por abuso notorio; la intromisión de la leche en los guisos de carne; la añadidura de plantas, miel, azúcar o perfumes al vino; el uso recomendado de aguas de olor, como el agua de rosas, que no era tal agua, sino la flor destilada o macerada en alcohol de vino; la intromisión del helado a mitad de las comidas para hacer más fácil la digestión de tanto plato fuerte; todo esto y algunas peculiaridades más que nos saldrán al paso, nos descubre un panorama gastronómico cuya exquisitez no discutiré nunca, aunque para el paladar de hoy son otras las exigencias, pero que nos hace pensar si aquellos estómagos no estarían mejor dispuestos para resistir el acecho de las indigestiones. Sobre todo, cuando sabemos que los más pudientes añadían a lo dicho el factor de la abundancia hasta un exceso inconcebible.

Tragones descomunales, capaces de dar cuenta de tal acopio de platos recargados como para asustar hoy al glotón de mayores tragaderas. Y no hablo de banquetes, sino del yantar de cada día. Porque por alardes se tuvieron los agasajos principales, como el que se ofreció a Felipe II, tan adusto él, que nos detalla Mal Lara, cuya variedad y cantidad lo convierten en apoteosis del ostentoso desperdicio. O el que se sirviera a Felipe IV en Doñana a expensa del duque de Medina Sidonia.

Era esta una ciudad de muy potentados comerciantes y acaudalada nobleza; de gente, con perdón sea dicho, más bien presuntuosa, amiga de la ostentación así en el vestir como en la mesa, y que se impuso en el siglo XVI un aparatoso tren de vida que ya venía apuntando de tiempos atrás.

Añadiré que «Sevilla, la rica y fértil», como se le llamaba en el romancero, era centro de comarcas ubérrimas de toda suerte de suculencias, con sierras y montes para la caza abundante, y huertas y vides que se centraban en la ciudad misma, y un río, pródigo como se ha dicho, que además de ofrecer mucho pescado servía a un puerto donde arribaba no solo el oro –primero de África, luego de las Indias–, sino todo lujo de especias y salazones.

Peraza habla en su obra de la «abundancia de pan, vinos, carnes, aves, peces y diversidad de frutos que solamente se venden en Sevilla». Un viajero alemán en el siglo XVI, Diego Cuelbis, aficionado a la buena mesa, encuentra en Sevilla «todas las golosinas para comer y beber». Y las va enumerando con arrobo.

Y, andando en el tiempo, cuando la situación ya no es ni de lejos tan halagüeña, Richard Ford elogia la calidad del pescado y de la carne que por acá se consumían (haciendo justa y especialísima mención del cerdo negro de la sierra, alimentado de bellotas). Y su compatriota, también viajero, Henry David Inglis, afirmaba rotundamente que las verduras de acá eran, sin duda, las mejores del mundo.

No hay que hablar, por bien sabido, que en las crónicas quedan las tristes referencias a lo contrario: al hambre como consecuencia de malas cosechas, con sus secuelas de levantamientos populares, ni a la abundancia de mendigos y de acogidos a cocinas de beneficencia. No se ha de tratar aquí ni dc las harturas insolentes ni de la precariedad, sino de las peculiaridades de nuestra cocina de otros tiempos. Y para abundar en cómo cambian las modas, en este caso culinarias, les recordaré que no sería raro empezar una comida por una ración de nata con azúcar y canela, como en el convite que describe Pedro Mexía en sus *Coloquios*. O que el caviar anduviera ausente no ya de elogios, sino de mera mención. Habrá otras huevas estimadas, pero no las del esturión –que era pez frecuente en nuestras aguas y muy gustado–, porque el caviar era, por entonces, comida de pobres. De peregrinos, por ejemplo. Aquello que Ricote, el morisco fugitivo, y sus acompañantes ofrecieron a Sancho Panza, terminada que fue, en buena hora, la aventura de la Ínsula Barataria. Cervantes le llama cabial y lo define como «manjar negro hecho de huevos de pescado» y añade que era «el gran despertador de la colambre». Ya sabrán que la colambre se llamó al cuero de la bota de vino, lo que quiere decir que la virtud primera del cabial o caviar era la de aguzador de la bebida, puesto que animaba a recurrir al rico jugo de la bota.

El pan es uno de los dos alimentos fundamentales, según san Isidoro; el otro es el vino. Los demás son los superfluos. Del pan que comían los sevillanos nos han llegado los elogios más entusiastas de nuestros clásicos, especialmente el de Gandul, Alcalá y Mairenilla. Interior del Molino de la Mina, en Alcalá de Guadaira. Instalado bajo la calle de la Mina, aprovechaba la corriente subterránea para mover las muelas. Grabado de Jenaro Pérez Villalmil. Colección particular.

El buen pan de Sevilla

El sevillano que lea a cuantos se ocuparon de divulgar gratas antiguallas de su tierra, sabe que Lope de Vega escribió aquello de «pan de Sevilla regalado y tierno», en *Los Vargas de Castilla*, y que en otra ocasión, evocando los placeres que le ofreciera en sus viajes la gran ciudad, dejó constancia de su devoción a la buena hogaza que por aquí se estilaba, rememorando el «pan de Gandul de mi vida...». Y en aquella referencia tan expresiva y tan curiosa, que se encuentra en su auto sacramental *La isla del sol*: donde describiendo el infierno se dice que allí el pan, por ser malo, no es de Gandul, precisamente. Otras citas vienen de lo mismo: las «tres hogazas blanquísimas de Gandul», con que Cervantes regala a sus personajes de *Rinconete y Cortadillo* y las distintas alusiones, todas ellas elogiosas, que escribieran sobre el pan de Gandul el bachiller Luis de Peraza, Tirso de Molina y otros ingenios, cuya relación sería excesiva. Tirso alaba las roscas de Gandul, con añoranza, en *El Rey Don Pedro en Madrid*. Gandul, ya se sabe, está a la vera misma de Alcalá de Guadaíra o de los Panaderos. Abundantes elogios hay también para las roscas de Utrera –«Roscas de Utrera del cielo», dirá Lope– y para el pan de Alcalá y Mairenilla. Posiblemente conocerá también el lector, porque habrá manejado *El Diablo Cojuelo*, que Vélez de Guevara escoge entre todos el «pan de Gallegos, que es el mejor del mundo», aunque no sepa, tal vez –yo no lo sé tampoco– qué Gallegos eran estos que en tan buen lugar dejaban el oficio en Sevilla.

Fama tuvo, sin duda, ya lo ven, por calidad y por variedad. San Isidoro habla en el siglo VI de hasta diez clases de panes, incluso el ácimo, esto es sin levadura. A otros efectos, simplemente por la calidad, en el siglo XVIII se elaboraba en las tahonas sevillanas el pan blanco o floreado, de harina candeal o flor de harina; otro menos delicado, el que consumían los panaderos, con harina menos fina, y, por fin, el llamado «pan bazo», algo así como pan integral, desdeñado por el pueblo, más barato y justamente elogiado, en cambio, por un miembro de la Real Academia de Medicina, Florencio Delgado, en disertación recogida por Antonio Hermosilla. Y habrá que añadir el llamado «pan-bizcocho», con que se surtía a los navegantes.

En el siglo XII, Ibn Abdun, en su famoso tratado, recomienda que se vigile la cochura y se examine la miga de todo pan que llegara al mercado, porque los panaderos «envuelven la masa de harina mala con cobertura de harina buena», lo que en materia de fraude no es nada desdeñable. (El mercado era y siguió siendo la plaza de las Atafonas o Atahonas, luego del Pan, detrás de la mezquita del Salvador, aunque hornos había en casi todas las collaciones). Esta preocupación por la calidad del pan es patente a lo largo de los siglos, por considerarlo como alimento primordial y por las adulteraciones con que tantas veces llegaba el producto a los hogares. Unas veces por manipular la harina, otras por haberse perjudicado por los insectos o por humedades, como solía ocurrir con la llamada «harina de mar», la que se traía, en tiempos de escasez por mala cosecha, de Flandes, Sicilia, Inglaterra y otros lugares.

En tiempos normales, y desde épocas remotas, la harina que llegaba a los panaderos de Sevilla era, en su mayor parte, la que procedía de las aceñas de Alcalá de Guadaira. Aún quedan molinos cuya antigüedad, cuando menos, se remonta a la dominación musulmana. Algunos de ellos fueron donados en propiedad, por Alfonso X, al arzobispo D. Remondo, en prueba de la mucha estima que por él sentía, y por pagarle buenos servicios.

De cualquier modo, el pan sevillano tuvo prestigio sobrado. No le alcanzaban los dicterios de aquel desengañado y exageradillo clérigo cortesano, fray Antonio de Guevara, cuando, frente al pan de aldea, señalaba los defectos de el de cualquier ciudad: «Duro, sin sal, negro, mal llevado o avinagrado o mal cocho, quemado o ahumado, reciente o mojado, desazonado o húmedo». La cosas del fraile, que no saboreó el de Sevilla. Aquel que rememoran Lope, Tirso, Cervantes, Vélez de Guevara y tantos otros, y que debió tener las virtudes del «buen pan candeal y ligero; pesa menos que si fuese esponja» que tanto apreciara Luis Vives. Por eso le llamó Rodrigo Caro «pan blanco, lindo y sabroso».

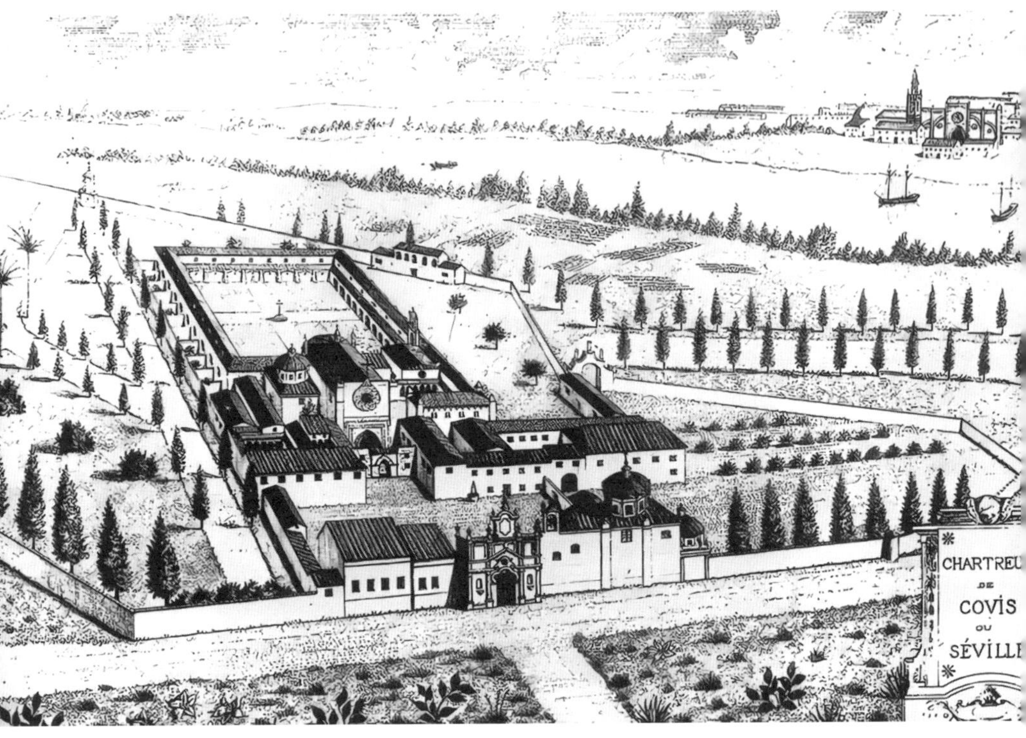

La parquedad en el alimento no estaba en la Cartuja sevillana en contradicción con los hallazgos cocineriles. Del cenobio trianero salieron especialidades que hicieron fortuna dentro y fuera de Sevilla.
Vista general de la Cartuja de las Cuevas, grabado antiguo, recogido por Pakminster.

La cocina de los cartujos de las Cuevas

Conocida es y hasta proverbial, la parquedad de alimentos en la orden de San Bruno. Una dieta rigurosa que empieza con la ausencia total de carne, abstinencia que por ningún motivo se puede dispensar: durante Adviento y Cuaresma, nada de huevos ni lacticinios; desde la fiesta de la Santa Cruz (14 de septiembre) hasta la Pascua de Resurrección, salvo domingos y fiestas, ayuno a pan y vino aguado. Cada viernes, a pan y agua. Una frugalidad rigurosa que tiene como contrapartida, según se dice, el beneficio de esa salud de hierro y prolongada longevidad de los cartujos.

Este régimen existía, naturalmente, en la sevillana y famosa cartuja de las Cuevas, a orillas del Guadalquivir. Y sin embargo, en el momento de hablar de gastronomía sevillana hay que referirse obligadamente a la cocina de este austerísimo monasterio, ilustre por tantos motivos. Y la referencia, como se verá, está justificada. Tenía la cartuja según recoge Carlos Serra y Pickman un extenso gallinero y una especial alberca. Del gallinero se surtían para ciertos huéspedes, necesitados, los más, que recibían colación distinta de los monjes. Y también, para hacer un condumio simple y al mismo tiempo nutritivo: la *tortilla cartujana*. Se reduce a esto: volcar clara y yema de huevo, batirlo mucho hasta que esté levantado, añadirle sal y hacer con ella una tortilla en sartén con poquísimo aceite. ¿Les suena? Es lo que hoy se llama tortilla francesa, llevada desde la orilla trianera a París en cualquiera de las andanadas de recetas que salieron de acá antes y después de 1808.

Como ocurriera con el ajo blanco, que aún se toma en Andalucía oriental, y que en Francia llaman *aillée,* o con el muy celebrado *feuilletée,* que no es otra cosa que el fino hojaldre, llevado a la corte del Rey Sol por la cocinera llamada la Molina, que iba en el séquito de la reina María Teresa de Austria, hija de nuestro Felipe IV, o la archicitada mahonesa o mayonesa; o *el pot-pourrit* que es copia de nuestra olla podrida, y algunos casos más que si al lector preocupa reunirlos puede encontrar en la *Guía del buen comer español,* de Dionisio Pérez (Post-Thebussem).

Precisamente, la palabra *tortilla* aparece por primera vez escrita, según advierte Néstor Luján, en el libro de un escritor sevillano del siglo XVI, el humanista y polígrafo Juan de Mal Lara, que en su *Philosofía vulgar* asegura: «Cuanto más se baten tanto más alza y cresce la tortilla. La causa, porque al batir mueve aire, hincha las partes delicadas del huevo, haciendo ampollas y con el aceite y humo del mismo viene a esponjarse la tortilla haciéndose toda por dentro ojos».

Pero se ha dicho también que los cartujos de las Cuevas tenían una alberca. La llamaban la galapaguera. En terminando el invierno hacían compra de galápagos del bajo Guadalquivir y allá los criaban para que contribuyesen al sustento; tal vez consideraban que era pescado y no carne, porque lo cierto es que lo preparaban asados o guisados –como hoy se hace en Almonte y otros lugares cercanos a las Marismas– o para hacer caldo sabroso y nutritivo que infundiera vigor y buen ánimo a convalecientes y ancianos. Un anticipo, ya ven de la universalizada sopa de tortuga. Y también se usaba –y en su momento se verá– para hacer el pastel llamado de tortugas, cuya elaboración era frecuente y obligada a los profesionales pasteleros de Sevilla.

De cualquier modo, el régimen alimenticio, cuando no era ayuno, se basaba primordialmente en el pescado. Sobraban peces en el rio, y por Real Privilegio, los monjes disponían de la pesca durante el día. Al amanecer tendían el llamado «corral» que era red cruzada de orilla a orilla, y allá quedaban albures, sabogas, barbos (y sábalo y esturión, si es que era tiempo). Al llegar la noche se abatía la red y les llegaba el turno a los pescadores profesionales. Era, en verdad, mejor momento la noche que el día, pero los pescadores se quejaban; no sólo del monasteril privilegio, sino de la campana de la Cartuja, que ahuyentaba las presas con su tañido sonoro: la campana que llamaban «espantalbures».

Recuerdo ahora una referencia literaria, la de Estebanillo González, que en llegando a Sevilla, se acogió a las Cuevas donde los monjes le dieron un potaje de frangollo. Hoy, el frangollo, en la provincia, al sur sobre todo, se hace con maíz machacado, dulce –y entonces lleva miel– o salado. En los tiempos de Estebanillo, es decir en el XVII, se hacía moliendo y mezclando diversos granos de cereales y legumbres. (Por cierto que a Estebanillo González le dieron también en Sevilla «camaroncitos con lima y ostioncitos crudos», cosa que agradece y celebra, lo que no es para menos).

El aceite de oliva es clave en la cocina sevillana y elemento insustituible de sus mejores logros: ensaladas, guisos, fritos de carne o de pescado y frutas de sartén.
Nos llegó, al parecer, con las legiones romanas, cuando ya lo habían usado griegos, hebreos y fenicios. A raíz de la conquista de la ciudad y durante siglos, sufrió el desdén de los cristianos viejos, sobre todo de las clases altas.
Vieja friendo huevos, de Diego Velázquez, en la National Gallery de Edimburgo.

Amigos y enemigos del aceite

De Roma nos llegó el olivo. Con el idioma y las calzadas, las leyes y el teatro, los acueductos y los capiteles con las hojas de acanto y volutas. Cuando por lomas y llanuras se alinearon los primeros olivares, a la Bética le surgieron paisajes que eran trasuntos de la Grecia bendecida por Atenea. Entonces tuvo el pueblo la aceituna de Homero, de la Biblia y de Virgilio, para añadir a su condumio más austero, en compaña del queso, del pan y del vino. Y tuvo también el aceite. Para alumbrar la noche con lucernas, para la mixtura medicinal, para el jabón y para el ungüento, que ya Demócrito había dicho que para que el hombre viva mucho y con salud ha de comer miel y untarse de aceite.

Y llegó el aceite para renovar la cocina, la de grasa animal, la que conocían desde los tiempos sin nombres ni fechas, la que venían usando celtas, turdetanos y tartessos. Los del Bajo Guadalquivir, los de la Sevilla romana encontraron así la ensalada y el pregazpacho y un sabor nuevo para fritos y guisos.

Se aceptó y exportó en tinajas; con marcas de alfarero, que venían a ser garantía de origen; enriqueció a veteranos de las legiones, los que acababan establecidos en el placentero solar de Itálica. Fue el aceite saludado por Columela, descrito por san Isidoro, recomendado desde los monasterios, recogido con júbilo por los musulmanes, admitido durante siglos por la cocina popular. Pero la grasa más fina, sana, alimenticia y sabrosa tuvo, sin embargo, no pocos enemigos. Tantos, que atravesó épocas de desdén, porque se consideró, durante mucho tiempo, que era de plebeyos y, lo que era peor, de moriscos y judaizantes.

Los conquistadores de la ciudad, castellanos, montañeses y gallegos, sobre todo, no estaban acostumbrados al aceite. Usaban en sus conduchos y en sus fritos la manteca de cerdo, y como esto de los sabores es tan discutible y disculpable, porque el hábito puede con todo, encontraban recio y desapacible el gusto del aceite nuestro. Y, por si fuera poco, lo relacionaban con la población no cristiana, porque la religión hebrea, lo mismo que la musulmana, veda todo producto del cerdo a sus creyentes.

Esta aversión duró generaciones. Según recoge Domínguez Ortiz, el cura de Los Palacios, ya en tiempos de los Reyes Católicos, habla del mal olor del resuello de los judaizantes por aquello de la grasa del olivo; y un jesuita del colegio de Sevilla, años después, el padre Montoya, buscando en sus ascéticos fervores algo con qué martirizar a sus sentidos, dio en alimentarse con viandas no preparadas con manteca, sino con aceite.

Una doble causa, ya ven, de gusto y de recelos, intolerancias de creencias y de paladar, que dejó su huella en los recetarios, donde para la inmensa mayoría de los platos se dictamina la manteca o el tocino, la grasa animal que agrava los prejuicios de aquellas dietas de carnívoros impenitentes. Cierto es que no era fácil preparar las verduras, e imposible las ensaladas, sin los buenos oficios del aceite de oliva; pero hay que recordar que a la mesa de los ricos quedaba poco sitio para el vegetal. A las verduras se les llamaban desdeñosamente hierbas y a las mesas bien provistas solo llegaban los vegetales como entremeses («llamativos», les llamaba Cervantes), como condimento, en la olla, o de tal modo mezclados con embutidos y carnes de caza o de matadero, que desvirtuaba cualquier vestigio de los sabores naturales.

Afortunadamente, el aceite de oliva salvó el escollo. Lo mantuvo el pueblo y lo admitió, al fin, la mesa de los poderosos. Incluso resistió, después de la Ilustración, la embestida de un nuevo y serio peligro, la influencia francesa, en nuestra cocina. El procedimiento fue el más inteligente: traducir los platos de las recetas francesas a nuestro noble y sabroso aceite.

Todo el aceite para el consumo de Sevilla entraba en el recinto amurallado por el postigo existente entre la Puerta del Arenal y el Postigo del Carbón. Añeja foto del Postigo del Aceite de Jean Laurent. Colección particular.

El queso y las berenjenas

Nuestro más simpático poeta, el fino, culto y buenhumorado Baltasar de Alcázar, tiene entre sus composiciones gastronómicas-burlescas una que figura en cualquier antología de epigramas. Es aquella que empieza:

> Tres cosas me tienen preso
> de amores el corazón:
> La bella Inés, el jamón
> y *berenjenas con queso.*

Lo de berenjenas con queso nos suena hoy a quiebro humorístico, como a jocoso e intencionado ripio. Y el caso es que en la conocida cuarteta hay mucho de humor, pero de ripio nada. ¿Por qué no habían de gustarle al poeta, casi tanto como el jamón, casi tanto como su bella Inés, las berenjenas y el queso, si era esta coyunda habitual y celebrada de nuestra cocina y fundamento para no pocos platos? En el *Libro de los guisados*, de Ruperto de Nola, del siglo XIV, que habrá de citarse tantas veces en este trabajo, ya aparecen tres recetas: berenjenas a la cazuela, berenjenas espesas y berenjenas a la morisca, las tres con mucho avío y alimento, las tres con queso rallado. Item más: en la muy famosa relación de habilidades culinarias de *La Lozana andaluza* (1528), aparece, como más adelante se detallará, un plato muy popular en la Sevilla de entonces que era cazuela mojí, en la que interviene el queso al lado mismo de la berenjena. (Oportuno es recordar que la berenjena fue cantada mucho antes por otro poeta, Ben Sara, en tiempos del rey sevillano Almotamid. «... ceñido por el caparazón de su peciolo, parece un rojo corazón entre las garras de un buitre». Y, como más adelante se verá, era fruto predilecto, muy usado para dulces y para cazuelas).

La cena más famosa de nuestra literatura

En marzo de 1973, quien esto escribe, animado y asistido por el inolvidable José María Osuna y otros escritores, organizó una cena siguiendo paso a paso, digo mejor, verso a verso o plato a plato, el muy famoso menú de la «Cena jocosa», de Baltasar de Alcázar. Se hizo con la colaboración estrecha y cordial del Mesón Torre del Oro, bajo las bóvedas antiguas y con un candil simbólico en uno de los testeros; más un retrato que del poeta sevillano trazó mi amigo y gran artista Francisco García Gómez.

Se buscaron escudillas y tazas similares a las del XVI, pan de hogaza –que fue la única libertad sobre el texto, porque el poeta olvidó citarlo–, y tuvimos la fiesta en paz y regocijo, con buen yantar y brevísimos discursos. Y en la invitación, ¿qué mejor minuta que la poesía misma, destacando, eso sí, en letras negritas, cada uno de los manjares o bebidas?

Hubo que buscar cuanto antes y con esmero lo que la composición pedía: «vinillo nuevo», y como a continuación se especifica, «aloque», que significa rojo claro; nos las arreglamos para que fuera un clarete de menos de un año, y asunto concluido. (Aloque era el vino que cita Cervantes en *El rufián dichoso*, para el almuerzo de pícaros).

La ensalada era el plato primero. En tiempos del poeta ya se tomaba así, abriendo la cena. Antes, mucho antes –lo comenta Luis Vives en sus *Diálogos*–, no servía sino de postres, pero, ya se sabe, las modas cambian. Enseguida el plato fuerte, tan corriente en las cenas de nuestros antepasados: el salpicón, ilustre por ser sustento, «las más noches», de don Quijote en su

Portadilla del menú de la cena celebrada en Sevilla en marzo de 1973, segun la famosa poesía de Baltasar de Alcázar. El retrato del poeta es dibujo de Francisco García Gómez.

aldea: carne sobrante de la olla y en aliño. La receta nos llegó gracias al libro de Martínez Montiño (*Arte de cocina*, 1611) y tuvo que interpretarla con su buen oficio el cocinero. Decía así: «Cuando te pidieren salpicón de vaca, procura tener un poco de buen tocino de pernil (jamón) cocido, picado y mezclado con la vaca; luego, su pimienta, sal, vinagre, su cebolla picada, mezclada con la carne y unas ruedas de cebolla para adornar el plato». (Esto mismo le dieron a Sancho Panza cuando, hambriento por la dieta, renunciara a gobernar la Ínsula Barataria). Sabíamos que el salpicón tiene una variedad, justamente en la Mancha de don Quijote, que es a base de pescado del Guadiana o de la laguna de la Janda, aún vigente en nuestro siglo. Y otra más, en la que incluye la patata, y, por consiguiente posterior a Cervantes y a Baltasar de Alcázar, porque el tubérculo benemérito no era aún ingrediente habitual en los platos populares. Y todavía hay otra, de finales del 800, en la que se añade a lo de Martínez Montiño trozos de huevo duro. Pero como el salpicón más frecuente era el que resultaba de aliñar la carne que sobrara de la del mediodía, escogimos la receta que en primer lugar se ha dicho.

Por sus pasos contados llegó la morcilla, y hubo que encargarla a quien sabía hacerla para que además de «oronda» y «bella» tuviera su adecuado picante («cómo la traidora pica tal debe venir de especias») y, por igual fidelidad, repleta de «piñones». Se sirvió asada, como le gustaba a Góngora («... una morcilla que en el asador reviente»), y resultó lo suficientemente rica como para justificar casi todos los elogios que Baltasar de Alcázar le dedicara.

(Llegado este momento, el poeta recomienda a Inés que no eche agua al vino, «no se escandalice el vientre». El ruego nos parece de lo más oportuno, porque lo de aguar el vino ya era delito culinario o fraude del mesonero que tanto fustiga

Quevedo, y origen del refrán que dice: «Quien echa vino al agua, de dos cosas buenas hace una mala». Pero es el caso que desde muy antiguo era costumbre tomar el vino aguado cuando no mezclado con plantas aromáticas, miel o especias: contradiós que nos trajeron los romanos. Lo de aguarlo no solo se permitía en la Edad Media, sino que se aconsejaba, y así, uno de nuestros más ilustres físicos, aquel Juan de Aviñón, del que hablaremos más adelante, da consejos a los sevillanos del siglo xv y de cómo y por qué y cuándo hay que realizar el bautizo. Aconseja que los vinos de Toro, Villarreal y Madrigal, «por cuanto son fuertes», sean aguados a la mitad: el de Zafra y Aznalcázar, por la tercia parte, y el vino de Sevilla y de cerca de ella, por la cuarta parte. Añadiré que el vino de Sevilla era el de las vides o bodegas de su término, y el de La Rinconada, Coria, La Puebla, Alcalá del Rio y Alcalá de Guadaíra; los únicos que un siglo antes eran permitidos entrar en la ciudad libremente, como nos cuenta el profesor Ladero Quesada.

Con la morcilla, el trasañejo, es decir, el vino que pasó de los dos años. Llegó la hora del postre:

Mas el queso sale a la plaza, la moradilla va entrando…

El poeta pondera al queso –«El de Pinto no le iguala»– pero no nos da más señas. No sabemos si fue del Andévalo, de Grazalema, de Castilblanco o de Aznalcóllar. Bien pudiera ser uno de estos últimos, que, según Jiménez y Fonseca –recojo de Post-Thebussem–, «son los mejores de España». Y la moradilla, es decir, la aceituna, de postre también, como era norma por entonces y siguió siéndolo en las costumbres hasta bien entrado el siglo xix. El barón Charles Davillier recoge en su cuaderno, en 1862, a su paso por Sevilla, que «se comen las aceitunas al final de las comidas» y que por eso «se dice familiarmente de una persona que llega a los postres, que llega a la hora de las aceitunas».

Y para pasar los dos últimos manjares, el vino ya con grados, que hace exclamar al poeta los conocidos elogios al sabor, color, finura y aroma:

> ¡Qué suavidad, qué clareza,
> qué rancio gusto y olor,
> qué paladar, qué color,
> todo con tanta fineza!

Bebedor exquisito y exigente, resume las cualidades máximas de un vino del que no sabemos su procedencia, aunque aventurando gratuitamente, podríamos hacerle de Cazalla o Constantina, los más famosos en estas tierras, hasta que la filoxera acabó con la mayoría de las viñas. De Cazalla era –y de Cabeza la Vaca (Badajoz) y de Rivadavia– lo servido a Felipe II en Sevilla, durante el banquete que relata Mal Lara. En la «representación» que hicimos, fue buscando una solera de Jerez. A propósito de esto, se me ocurre que cuando el poeta lo elogia se refiere a lo del pichel y que en algunas ediciones de la conocidísima composición aparece lo del pichel con mayúsculas, como si fuera nombre propio. Pichel era el recipiente tan usado antes, que es más ancho abajo que arriba, que está adornado de algún modo, pero sobre todo en relieves, y que lleva tapa engarzada con el remate del asa. Que ya se usaba y tenía este nombre en la Sevilla del siglo XIII, lo sé por Ballesteros Bereta, cuando recoge lo de «picheles de plata»; y por su presencia inequívoca en una miniatura de la XLII cantiga de Santa María. El pichel era generalmente de estaño, y en el siglo XVI existía el gremio de los picheleros, orfebres de dicho metal, que dejaban sus marcas en las piezas que labraban. Los picheleros sevillanos tenían por patrón a san Juan Bautista, y hospital propio.

Esta, en fin, fue la «cena jocosa», fuerte, bien rociada. En los versos del poeta sevillano, terminó a las once, que era una hora muy avanzada. Basta con saber que las cenas empezaban con la anochecida. Pero es que Baltasar de Alcázar, como advirtiera Lleó Cañal, hizo linda parodia de aquellas otras cenas literarias que, a imitación de los *simposium* griegos, servían como fondo para diálogos sutiles –o indigestos–, más o menos platónicos. Como en uno de los *Coloquios* de Pedro de Mexía, por ejemplo. Solo que en la deliciosa burla, el tema tratado, es la comida en sí, y en vez de diálogo, todo queda ante una Inés paciente y silenciosa en sabroso monólogo festivo.

La dieta de los achaques

Cargado de años, aquejado de gota, cuando la melancolía le hace arrancar unos poemas tiernos y evocadores, Baltasar de Alcázar escribe otra composición donde la gastronomía está presente. Es aquella epístola que empieza:

Deseáis, señor Sarmiento,
saber, en estos mis años,
sujetos a tantos daños,
cómo me porto y sustento.

Da en ella relación de su régimen de comidas, del que se queja, aunque su cuita nos llega con la sonrisa del humorista verdadero. Una dieta que tal vez no nos resulte tan dura, porque empieza con el desayuno de un huevo pasado por agua y dos tragos de vino, lo que no es mal comienzo. Nada de café con leche, porque el uso de nuestro hoy habitual desayuno no llegó a extenderse en España hasta bien entrado el siglo XVIII. A la hora del almuerzo le traen a la cama a nuestro ilustre anciano y enfermo, asada y cocida,

una gruesa y gentil ave
con tres veces del suave
licor que alegra la vida.

Como cada vez que lo nombra, debe entenderse lo de licor por vino, como se llamara indistintamente al zumo fermentado y

Cántaro, jarra, platos y fuentes, piezas típicas de la alfarería trianera del siglo XVII, cuyas trazas aún perduran. Los platos, hondos, casi cuencos (escudillas), y las fuentes, más llanas.
Pormenor de *Las santas Justa y Rufina*, de Murillo. Museo de Bellas Artes.

criado y al pasado por alambique. Al anochecer, le llevan tan solo –¡a lo que quedó reducida aquella cena jocosa– unas «tostadas y vino mulso». Como es bien sabido se llama vino mulso al vino que se mezcla con miel o con azúcar y que se usaba para fortalecer a niños, ancianos y convalecientes.

Sobre la antigüedad del gazpacho

En uno de sus delirios eruditos, Richard Ford, viajero inglés, de los «descubridores» de la Andalucía romántica y pintoresca el más conocido, remonta los orígenes del gazpacho hasta la Biblia (el aliño en el que Booz invitó a Ruth a que mojara su pan); lo identifica con el *oxicratos* de los griegos y con el *potus et esca* que tomaban en verano los legionarios de Roma y también, con deleite, el emperador Adriano, que para eso era español y sevillano de Itálica. Pero ¿de qué gazpacho se trata? Sabido es que al nombre le van no sé cuántas modalidades de aliño, con o sin cebolla, majado o sin majar, clarucho hasta lo cristalino o espeso a punto de salmorejo. Hay tantos gazpachos que podría contarse uno por comarca y aún más, porque el nombre se aplica desde hace mucho a una sopa fría cuyos ingredientes principales son el agua, el vinagre, la sal y el aceite de oliva.

Yo no sabría decirles cómo era el que saboreara Marcos de Obregón; «cené un muy gentil gazpacho, que cosa más sabrosa no he visto en mi vida», o el que le sentó nada bien a Estebanillo González, también en el siglo XVII: «Comimos a mediodía un gazpacho que me resfrió las tripas...».

Pero sí les recuerdo que el que le dieron a tomar a Richard Ford era compuesto así, según nos cuenta: «Con cebolla, ajo, pepinos y pimientos, todo muy picado y mezclado con trozos de pan en una sopera llena de aceite, vinagre y agua fresca». Con cebolla y sin tomate. Hoy se sabe que el más suculento de los gazpachos, el que de una manera o de otra –generalmente mal– se va ofreciendo en restaurantes de toda España,

Junto al vaso metálico, tres vasijas de barro poroso, imprescindibles en todos los hogares para el agua fresca. Tallas así, pero menos barrocas, se han venido usando hasta hace poco en aguaduchos o puestos callejeros, y procedían sobre todo de Triana, Lebrija y la Rambla.
Bodegón con cacharros, de Francisco de Zurbarán. Museo del Prado.

es el gazpacho netamente sevillano. Y ese, amigos, no tiene antigüedad como para presumir de árabe, ni de romano, ni de griego ni de bíblico. Hasta bien entrado el XVII no hubo tomate ni hubo pimiento –habían llegado poco antes de América española– en nuestros aliños populares y solo en alguna receta de las de monasterio y conventos, como el de capuchinos de Cádiz, o en la de contados nobles, con caprichos y posibles.

La Lozana cocinera

En 1528 se publica en Venecia *Retrato de la Lozana Andaluza*, una de las joyas de nuestra novela picaresca, obra de un clérigo cordobés residente en Italia, Francisco Delgado o Delicado. La Lozana, cuyo nombre verdadero era Aldonza, el mismo que el de Dulcinea, era cordobesa, meretriz insigne y llena de ingenio, que al inicio de la novela hace relación de sus habilidades culinarias. Durante su estancia en Sevilla, cuenta a una tía suya cómo aprendió a hacer todo tipo de manjares: cazuelas, frutas de sartén, tortas y postres almibarados, en una larga lista que se ha hecho famosa, porque no hay tratadista de gastronomía española que no la recoja, íntegra, entre las páginas de sus libros.

Esta es, incluida en su parlamento:

> … deprendí hacer fideos, empanadillas, alcuzcuzu con garbanzos, arroz entero, seco, graso, albondiguillas redondas y apretadas con culantro verde, que se conocían las que yo hacía entre ciento … ¡pues adobado no hacía? sobre que cuantos traperos había en la cal de la Heria querían proballo y máxime cuando era un buen pecho de carnero, y ¡qué miel! pensá señora que la teníamos de Adamuz y azafrán de Peñaflel.
>
> …Sabía hacer hojuelas, pestiños, rosquillas de alfaxor, textones de cañamones y de ajonjolí, xopaipas, hojaldres, hormigos torcidos con aceite, talvinas, zahínas, y nabos sin tocino y con comino, col murciana con alcarabea, y olla reposada… pues boronía, ¿no sabía hacer? por maravilla, y cazuela de berenjenas moxíes, en perfición; cazuela con su ajico y cominico y saborcico a vinagre… Rellenos, cuajarejos

> de cabritos, pepitorias y cabrito apedreado con limón ceutí y cazuela de pescado cecial con oruga y cazuelas moriscas por maravilla y de otros pescados que sería luengo de contar. Letuarios de arrope para en casa y con miel para presentar, como eran de membrillos, de cantueso, de uvas, de berenjenas, de nueces, y de la flor del nogal, para tiempo de peste; de orégano y de hierbabuena para quien pierde el apetito; pues ¿ollas en tiempos de ayunos?...

Apañadita que era la niña. Ya ven. Y nostálgico que era el autor, porque toda esta evocación de manjares diversos y populares de su lejana Andalucía, la redactó Francisco Delicado durante su estancia en Roma y, al parecer, sujeto a dietas de hospitales, a donde le llevaron su mala cabeza y peor fortuna.

Comienza por los fideos. Es probable que el alimento nos llegara de los musulmanes y que el vocablo, según Corominas, derive del verbo fidear, que aún usan en su parla los sefardíes y que significa crecer, por cuanto los fideos ganan de tamaño en la cochura. Covarrubias explica cómo se hacía en tiempos de la Lozana y mucho antes: colocando la masa en peroles agujereados de los que salía al oprimirla toda igual y tan largo como se quisiera. Y Ruperto de Nola nos da una receta, si no la única, por lo menos la más antigua que poseo, en la que los fideos se cuecen en «caldo de gallina o de carnero muy bueno y gordo»; que a medio cocer se echa leche de cabra o de ovejas o leche de almendras (es decir, almendras machacadas hasta formar una pasta, más o menos líquida). Así que está bien cocido, y dejando reposar, se sirve en escudillas, donde se le añade azúcar y canela; y si así no gusta, queso rallado. Que fuera esta o no la receta usada por la pizpireta cocinera, no se sabrá, pero ahí queda la que cuento para un plato que se tomaba solo o como complemento de carnes. En cuanto al endulzar los fideos, aún se sigue haciendo en Belalcázar, provincia de Córdoba, según receta que recoge Salcedo Hierro.

Del alcuzcuzu con garbanzos diré que es variedad de un plato aún vigente en nuestros pueblos y en auge en el norte de Marruecos. El alcuzcuz o cus-cús se prepara en un recipiente especial con tapadera y fondo de rejilla, que reduce a mínimas bolitas una masa variable, hoy, generalmente, de sémola o de maíz. Aldonza, la Lozana, usaba la harina de garbanzos, la que actualmente se utiliza en algunos puntos de Andalucía oriental, en Arjona (Jaén), concretamente, para elaborar unos roscos muy sabrosos. El alcuzcuzu era y es plato salado o dulce, según la ocasión o el capricho. En el primer caso se sazonaba con manteca de vaca y servía de acompañamiento a carnes; o bien se hacía la cochura en leche con azúcar y pasas, como postre. Que no era del gusto de Lope, está claro: en su auto sacramental *La isla del sol*, lo convierte en comida del Infierno.

Albondiguillas redondas, apretadas, con culantro verde. Plato este de larga historia. Se tomaba en la Sevilla romana, seguramente; san Isidoro se refiere a ella en sus *Etimologías*, deduciendo que el nombre latino, *spherae*, le viene de su figura. De ahí pienso que pasaría al vocablo árabe *asfida* con el que denominaban los sevillanos almohades a la carne picada y prendida en asador pequeño (pinchito, para entendernos) que es variedad por entonces muy corriente y de venta callejera; y que no es la abondiguilla verdadera, cuyo nombre era *bunduca*, que significa bola y que dio origen al nombre que hoy usamos. De la albóndiga rellena se ocupa el marqués de Villena en su curioso y muy citado *Arte Cisoria*. La Lozana, ya ven, la prefería con culantro verde, como primordial especie, y a lo mejor de ahí le vinieron sus venates, porque san Isidoro advierte que seamos parcos con el culantro, porque tomado con exceso produce el mal de la locura.

Del adobado, que tanto gustaba a los traperos de la cal de la Heria, es decir, a los ropavejeros del jueves de la calle Feria, cuando lo preparaba la buena moza, sobresale el de pecho de carnero. Ya se sabe que adobo es caldo fuerte para sazonar alimentos, tanto para conservarlos, como para restarle gusto ingrato, como en el caso de los peces de río, con sabor a lodo. Y que consta generalmente de vinagre –o vino–, sal, orégano y ajos, aunque admite otros ingredientes, como se verá enseguida. Para la Lozana, hablando del adobado, elogia la miel. Y es que el adobado de pecho de cordero, desde siglos antes, se preparaba así, según precisa Ruperto de Nola:

> Has de tomar pechos de carnero y cocerlo en una olla con su sal, y desde que sea medio cocido, sacarlo de la olla y cortarlo a pedazos del tamaño de dos dedos. Después se sofríe con gordura de tocino y después tomar la miel y de todas las especias y ponerlo en una ollica. Tomar pan duro rallado y echarlo en aquella miel, y en las especias. Y después tomar del mejor caldo de la olla y echarlo dentro. Y después de la grasa, según la cantidad del pan y de la carne, echarle una buena taza de vinagre blanco, porque la salsa de este vinagre quiere ser agridulce. Y esto todo cueza. Y mientras hierve echarle la carne con un poco de azafrán, porque esta salsa quiere ser alta de color.

Así de complicado y costosillo; pero no queda ahí la cosa, porque la receta exige que, a todo lo dicho y hecho, se añada canela, y trozos de peras, y membrillos cortados.

De la miel dice que de Adamuz; más cerca la tenían los sevillanos, pero la Lozana quiere lo mejor para su despensa y cocina. Y el consumo de la miel era tan intenso que raro era el día que no se usara de un modo o de otro. Para potajes y adobados, para añadirla al vino, para dulces y sobre todo para frutas de sartén, como se llamó hasta no hace mucho a los primores de frituras. En este caso, por lo menos, la miel utilizada se hervía primero tal como aparece en las bodas de Camacho, y recordará el que leyó el *Quijote*, y como señala el Doctor Thebussem. Y frutas de sartén son, para empezar, y siguiendo la relación de la heroína, la hojuelas y los pestiños. Las dos con harina y especias, las dos fritas con aceite de oliva y rehogadas en la miel, como se ha dicho. «Miel sobre hojuelas», es frase popular para encarecer lo doblemente bueno. Nebrija define a las hojuelas como «hojas de masa tendida». (En el siglo XIX eran las hojuelas, según Juan Valera, dulce de Semana Santa al menos en Doña Mencia, si es que era este el pueblo de *Juanita la Larga*).

Rosquillas de alfajor. De antiguo viene la cosa. Nebrija lo cita, pero no por vez primera en castellano, como afirma Corominas, porque antes el físico Juan de Aviñón, en su *Sevillana Medicina*, lo nombra y recomienda como diurético y para hacer bien la digestión y hasta da una complicadísima receta para prepararlo; en realidad, habla del alfajor líquido, del que hay receta posterior –de 1605– que cita y divulga Pardo de Figueroa (el Doctor Thebussem). Se llamó también alfajor al que hoy se elabora en Estepa, envuelto en azúcar muy molido, y al que se coloca entre obleas, cuya masa con variantes viene a ser de almendras, miga de pan, especias, miel o azúcar.

Entre tantos pasteles, se ha citado la coca, hoy rico producto de la repostería catalana, y no sabré decir si el nombre y el pastel nos llegaron de allá, aunque me parece probable. Tal vez, traídos por los muchos catalanes que en Sevilla y en su término se afincaron a raíz de la conquista fernandina. Ya por entonces, se designaba en Cataluña coca a una embarcación de forma redondeada –siguiendo el modelo báltico de *cogge*, que los franceses llamaron coque– y, por extensión, parece que se

Las verduras, por lo general, eran desdeñadas en las mesas bien provistas, como no fuera como complemento o guarnición o en ensaladas. O en tiempos de abstinencia. Sí se consumía, en cambio, por el pueblo, y *La Lozana andaluza* hace referencia a la col con alcaravea. *Col*, por Santiago del Campo.

llamaron así productos muy diversos, más o menos en forma de concha, como algún tipo de tortas.

Quede, por último, la referencia a tres famosos pasteleros y confiteros de la Sevilla del XVII, Pedro de Lisbona, Bartolomé Gómez y Jerónimo de Barco, que según Manuel Chaves «no tenían competidores en las conservas, la carne de membrillo, los mazapanes y los canelones de sidra, avellana, canela o anís».

Un refresco entre plato y plato

Como la relación es larga, dejo, con perdón y de momento, *La Lozana andaluza*. Un descanso vendrá bien para hablar del helado y de la bebida fría. Nadie se extrañará, y menos el que sepa que era costumbre ya en el siglo XVI, y en Sevilla, que a mitad de la comida se sirvieran sorbetes y helados para hacer mejor la digestión de los platos provistos, por lo general, de ardientes especias. Me refiero, claro está no a las mesas del pueblo, sino a las de los muy pudientes, a los que tenían a gala estas extremosidades gastronómicas. Y bien que le vendría al estómago la frialdad cuando raro era el plato que no contaba con tan encendidos excitantes.

La moda llegó con el Renacimiento, pero el uso de la bebida fría se conocía de siempre. Que en el XVI se convirtiera en costumbre, sería por influencia italiana y por lecturas de los clásicos, porque el uso de la nieve para enfriar el vino, los zumos y el agua era tan frecuente en las mesas bien servidas de griegos y romanos que nos sobran referencias de escritores: Marcial, Juvenal y Lucano, entre otros, hablan de la costumbre de enfriar cuanto se bebía; del *vasa nivaria*, que era el recipiente de metal precioso para encajar las vasijas entre trozos de hielo; y de los males que el uso del refresco originaba, tanto para el estómago como para los dientes, porque fue moda en Roma durante cierto tiempo el que las damas masticaran los trocitos de hielo, con riesgo de quebrantar la dentadura. Unos ironizan, otros describen, Séneca se enoja, y el resultado es una porción de datos legados para los curiosos y para los historiadores de la gastronomía.

Parece que a Sevilla, el sorbete, es decir, el zumo de frutas azucarado y mezclado con trocitos de hielo, a modo de granizada o mezclado con aromas y enfriado lo máximo posible, llegó sobre el siglo XV, poco después de haberse descubierto y generalizado, dicen que en Florencia. Y que el helado propiamente dicho nos vino más de un siglo después, igualmente traído de Italia. Lo que sí sabemos con certeza es que raro era la casa señorial o de mercaderes con posibles en la que faltara un almacén de hielo con pozo resguardado. El hielo llegaba en carretas desde la sierra, de Constantina frecuentemente, durante el invierno, y para conservarlo se usaba paja o salitre. Mis escasos conocimientos sobre este extremo se limitan a saber que del salitre se habla ya en el siglo XII, y no en Sevilla, precisamente, y que se preparaba arrancándolo en los viejos muros o rocas, disolviéndolo en agua hirviente y dejándolo decantar en vasija. Y que posteriormente, acá hubo, como se sabe, una fábrica de salitre, junto a las huertas de la Trinidad, cuyo fin primordial no era este de refresco, sino otro muy contrario y muy ardiente, el de la fabricación de la pólvora.

Las bebidas frías llegaron a ser exquisitez frecuente en la mesa de los ricos, tan elogiada por Mal Lara y por Mexía, y por el mismo Lope en su comedia sevillana *La niña de plata*, como combatida por algún que otro médico, como aquel Sánchez de Oropesa, que cita Lleó Cañal; otros, en cambio, lo elogiarán por benéfico, mucho antes, y después: desde Hipócrates, que lo recetaba para casos de fiebre y disentería, y luego, para lo mismo, Avicena; más tarde también, Francisco Franco y Nicolás Monardes, como recuerda Sánchez de la Cuesta; y, allá en el XVIII, cuando en un edicto del asistente sevillano Larumba se autoriza la traída de nieves desde la sierra norte «para precaver y curar enfermedades», según recoge Hermosilla.

De los zumos de frutas, los predilectos eran los de naranja, agraz y limón. La naranja amarga se viene diciendo que la trajeron los moros y la dulce, en sus primeras variedades, los portugueses, a principio del XVI o a finales del XV, que en esto no hay acuerdo. (Con los del islam nos llegó también la cidra o toronja y con tal éxito que a poco se llenó la ciudad de cidros, y así se mantuvo hasta que la vio, siglos después, Vélez de Guevara).

Del limón también se ha dicho que lo trajeron los musulmanes. Resulta extraño, como en el caso del azafrán, ya que san Isidoro habló de él un siglo antes; no todo el saber del santo sabio era libresco y del limón se ocupa como de haberlo probado; y por supuesto, con su nombre latino, el mismo que le da Virgilio, que es otro argumento, y no despreciable, aunque el humanista Mexía afirma que los romanos no conocieron el limón sino la cidra. Lo hemos visto sazonando viandas y más lo hemos de ver, pero lo que ahora nos importa es que se usara en sorbetes, como zumo azucarado y a punto de hielo.

Pero más interesante es el agraz, zumo de uva verde, tan recordado por muchos sevillanos que han pasado del medio siglo, y que añoran el que se preparaba y vendía en la calle Sierpes, en el desaparecido puesto de Dolorcitas. Decía Ibn Abdun que «no se habrá de vender fruta verde, que hacen daño, excepto uvas, que son buenas para las preñadas y los enfermos». Ruperto de Nola aconseja que para preparar el agraz hay que majarlo junto con un tallico y hojas de albahaca, que así gana en sabor y resulta un estimulante cordial de primera. Del agraz se ocuparán muchos otros, porque fue refresco muy difundido, porque se usó como fundamento de salsas y porque se hacía con él un almíbar prestigioso y único en el convento de la Encamación, donde se vendió mucho hasta el siglo pasado. Lo de añadirle albahaca nada tiene de particular desde el momento en que la planta aromática, simpática y fragante, tuvo, y aún tiene, muchos usos culinarios y reposteriles. Por eso, para tenerla fresca y a mano, se criaban en macetas, como la hierbabuena, en tantas casas; asomadas al balcón o en algún lugar del jardincillo, o del patio, como en la casa del Monipodio cervantino.

El agua, también fría, como he dicho. En tallas de Lebrija, o de Triana, en búcaros de barro igualmente poroso; o arropada con trozos de hielo.

El agua de los muchos pozos sevillanos, de manantiales como el del prado de Santa Justa –fuente del Arzobispo– o la llamada fuente de Calderón, la más celebrada por ser por la naturaleza la más fina y fría de todas, y que estaba donde hoy la Pasarela; la que atraían sobre sus arcos los caños de Carmona desde más allá de Torreblanca; la que arrimaban los aguadores en carros-cubas desde Tomares, tan deliciosa, en opinión del duque de Rivas; y hasta la del Guadalquivir, aconsejada por Juan de Aviñón, por liviana y dulce, siempre que se recogiera bajando la marea y en el centro del río, lo más lejos posible de las orillas. Y en el agua, la para mí, todavía –y lo lamento– enigmática breva que aparece en *El aguador de Sevilla* de Velázquez, y en diversos bodegones. Pienso, puesto que nadie me lo aclara, que la breva o el higo servía para endulzar el agua y, tal vez, como remedio popular para algún tipo de males. Vaga conjetura, pero recuerdo que el fruto de la higuera tiene prestigio curativo desde antiguo, y que si hacemos caso a san Isidoro de Sevilla, es fármaco sorprendente porque quita las arrugas a los ancianos.

O los panales, que por algún tiempo se llamará azúcar rosado o panal de rosa, como escribe Mal Lara, por ser este color el más corriente, y que por Madrid llaman azucarillos: secos, esponjosos, con añadiduras de algún zumo y de clara de huevo, todavía presentes en nuestras confiterías, y que yo conocí de venta callejera. Panales le sirvieron en Sevilla a Felipe II para endulzar el agua de sus festines.

El agua del Guadalquivir era potable, o como tal se usaba, en tiempos de la Sevilla musulmana y siguió sirviendo para beber durante siglos, a pesar de las fuentes y de los pozos y del acarreo desde otros lugares. Para recogerla del río los aguadores o azacanes disponían de un pontón en el centro del cauce y adonde no llegara el flujo de las mareas. El medio tradicional del vendedor callejero era el cántaro, con tapón de corcho, y la talla, dos recipientes para el agua fresca que han llegado hasta nuestros días. En el cuadro, el aguador ofrece una copa de cristal con un higo sumergido. Aparte del sabor que el fruto comunicara al agua, el higo tenía prestigio por sus virtudes salutíferas; entre otras la muy curiosa de quitar las arrugas a los ancianos, creencia que recogió y divulgó san Isidoro de Sevilla.
El aguador de Sevilla, de Velázquez. Londres, colección Wellington.

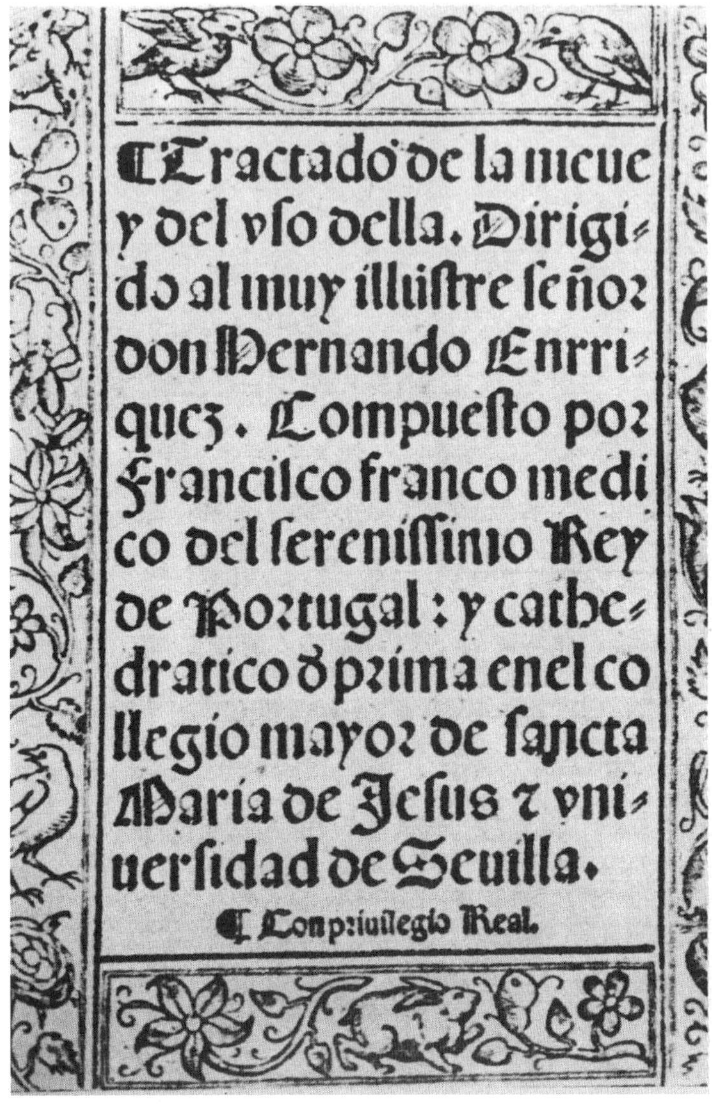

¶ Tractado de la nieue
y del vſo della. Dirigi-
do al muy illuſtre ſeñor
don Hernando Enrri-
quez. Compueſto por
Franciſco franco medi
co del ſereniſſimo Rey
de Portugal: y cathe-
dratico d prima enel co
llegio mayor de ſancta
Maria de Jeſus y vni-
uerſidad de Seuilla.

¶ Con priuilegio Real.

En 1569, en el apogeo de las bebidas heladas, se publicó en Sevilla el libro de Francisco Franco, médico y profesor de la Universidad de Sevilla, que trataba sobre la nieve y sus cualidades.
De *Discurso del buen comer andaluz*, de Gabriel Sánchez de la Cuesta.

Cada cosa en su sitio, o el orden de las viandas

Ya se hizo referencia de cómo las modas traen y se llevan las costumbres, en esto de la mesa. Y de cómo puede lógicamente sorprender al lector que una comida empiece por lo que hoy tenemos por postres, es decir, por lo dulce. O por las frutas. Y en verdad es que los griegos estaban más de acuerdo con nuestras normas, desde el momento en que Aristóteles coloca las suculencias confiteriles al final y lo razona: «Los postres dulces se inventaron para beber, para que no se haga en seco la digestión de la comida». Y si los romanos cambiaron el orden, los musulmanes españoles se apresuraron a recuperarlo. Así, en *El músico de Bagdad* se cuenta cómo Ziryab, en el siglo IX, dio a conocer la verdadera distribución de una comida elegante. No deberían servirse desordenadamente los manjares, sino empezar por las sopas y caldos. (Hoy dicen gastrónomos que el caldo caliente amplía la capacidad del estómago). A continuación debían servirse las entradas de carnes, sazonadas delicadamente, para terminar con platos azucarados y dulces de pasteles de nueces de almendra y miel; o postres de pasta perfumada con especies fragantes y rellenos de alfóncigos –esto es, de pistacho– y de avellanas. Lo cuenta Lévi-Provençal y el dato me lo proporcionó mi docto amigo Rafael Comes.

Que esta advertencia cundiera, es lo más probable, casi seguro. Que al llegar los cristianos, el orden se alterara en tan concreta materia, seguro del todo, que no faltan testimonios. El yantar de Rinconete y Cortadillo se interrumpe bruscamente no más empezar por las naranjas, al parecer inicio de la comida. De otros ejemplos ya di cuenta en páginas atrás.

A raíz de la Conquista, y en esto sigo referencia de Ballesteros en *Sevilla en siglo XIII*, el sevillano acostumbraba a almorzar a la hora de tercia, entendiendo por almuerzo a lo que así se llama aún en varias regiones españolas, a la comida mañanera, esto es, al desayuno. Pasado el mediodía merendaban y comían al anochecer. Algunos, los más pudientes, hacían otra comida más tarde, en plena noche, a la que llamaban cena.

Si la comida era de ceremonia, las viandas, quiero decir, las carnes, eran servidas sobre tajadores y allí los hábiles sirvientes, versados en el arte cisoria, separaban en trozos los ánsares, perdices, gallinas, capones y otras naderías por el estilo para presentarlos luego, adobados, a la mesa de los dueños. Sobre las tablas de estas mesas, cubiertas de blancos manteles, se iban colocando los cuchillos que eran de mango corto y ancha hoja; el pan, de forma redonda, y a su debido tiempo, el conducho (el guiso, el manjar), bien aderezado en forteras, quiero decir en fuentes. Los trozos de carnes eran llevados a las escudiellas (platos en forma de cuencos) y con los cuchillos y cucharas se iban consumiendo las viandas con el suplementario aderezo de vinos naturales, como se dice en el *Libro de Apolonio*, y buena sidra.

Siguiendo a Ballesteros, los platos más corrientes, no en festines sino en la mayoría de los hogares, eran la sopa, la tortilla, y los huevos asados blancos, la empanada y los guisos de fríjoles, lentejas, garbanzos y las papas. Entiéndase por papas, según acepción del *Diccionario ideológico* de Casares, sopa blanda, que ya se sabe que la patata benemérita no llegó hasta siglos después a posarse en nuestras ollas y sartenes. Y en cuanto a la tortilla no aseguraría yo que se trata de lo que hoy así se llama; hay razones que apoyan mi duda, pero andan agazapadas en un rincón ahora inaccesible de mi memoria. Se dirá también que no faltaban, por lo general, ni los letuarios ni el llamado licor de cebada ni el vino o la sidra.

De menús completos algunos se han dicho ya. El que recoge Pedro Mexía, no es de reyes, sino convite moderado, pero ya verán en qué consiste la moderación, y el orden de los platos, al que ya se aludió líneas arriba. Se inicia con el rito habitual del lavatorio de manos, que para eso estaba el aguamanil y el sirviente que lo llevara, generalmente en las casas de alcurnia, o de grandes mercaderes. Y la comida, que es a las doce del mediodía, empieza con nata, endulzada con miel o con azúcar, según apetezca a cada comensal. Llega el turno del tocino y luego una ponderada cabeza de jabalí: «Cuán poderosa y enramada viene». Síguele una escudilla de manjar blanco, pero no de postre, no, que aún quedan el pavo y la perdiz para saciar a los insaciables.

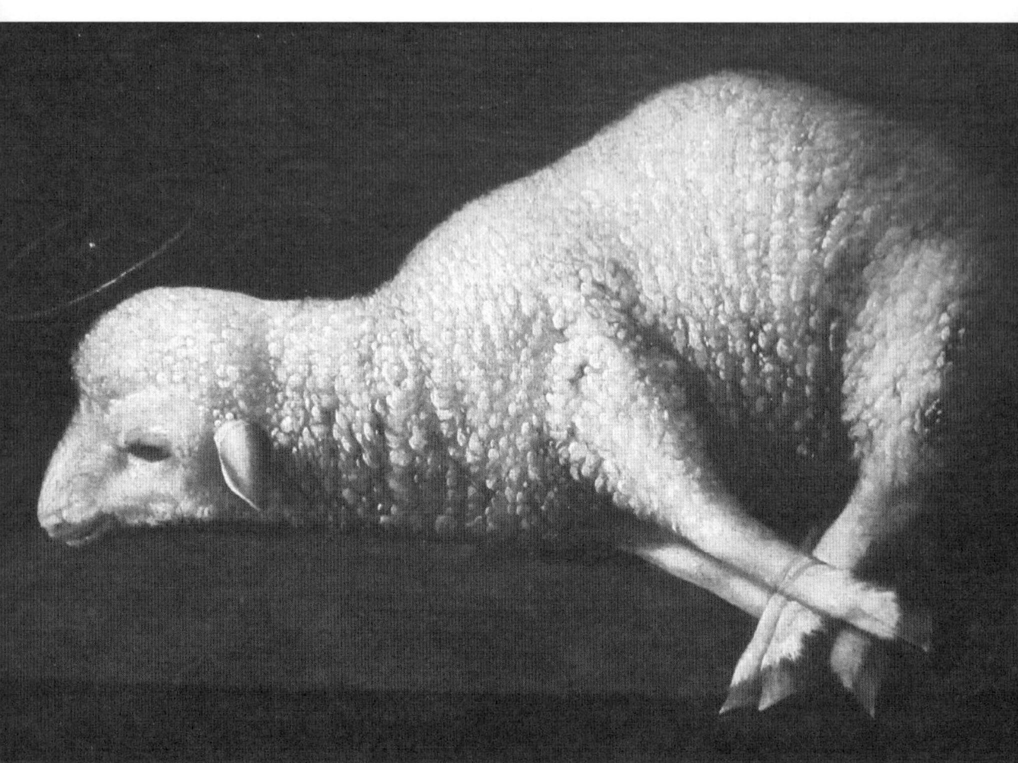

Cuando Cervantes precisa que la olla de don Quijote tenía algo más de vaca que carnero, indica que la hacienda del hidalgo no era muy boyante, porque el carnero era la carne más cara por ser la predilecta. Así se refleja en la paremiología. El cordero lechal eran también carne escogida tanto en Sevilla como en el resto de España y había recetas heredadas de los musulmanes para cazuelas de muy distintos sabores, para el adobo y para el asado. *Agnus Dei*, por Zurbarán, Museo de Arte de San Diego.

De vuelta a la Lozana

Tras la interrupción, vuelvo a la lista de manjares de la Lozana de los textones de cañamones y ajonjolí. Textones eran tortas del tamaño aproximado de una moneda llamada testón, de uso en varios países y de varios valores, que llevaban grabadas una testa o cabeza. Una se acuñó para Carlos V y otra para Felipe IV. El cañamón, semilla de cáñamo, era por entonces ingrediente de dulces y de guisos, y aún hace pocos años se elaboraba un pan de cañamones en Ciudad Real. Por acá, hoy, que yo sepa, la semilla sirve para alimento de pájaros. En cuanto al ajonjolí, el paladar del sevillano lo conoce bien, por su presencia en tantos hallazgos de nuestra riquísima repostería popular.

Por nuégados se entiende una variedad de bollo dulce, cuya masa de harina, miel y nueces se cuece en horno. A veces no eran nueces, sino almendras, avellanas, cañamones o piñones. (Por cierto, que a la nuez atribuye san Isidoro la rara virtud de eliminar el veneno que se encuentra en comidas o bebidas; basta con echar una en lo que se ha de ingerir, si se tiene sospechas. Hay que hacerlo así, antes, y no después porque contra el veneno ya ingerido no hay en la nuez virtud que valga).

Con la xopaipa volvemos a las frutas de sartén. Es una especie de hojuela, pero más gruesa y más simple, que hoy se consume aún por estos pueblos de Dios donde la llaman sin x: sopaipas, y listo. Se hace con harina bien batida, frita y pasada por miel, y a la harina se le añaden especias según los gustos o costumbres. Es pariente de la sopapilla o sopaipilla, buñuelos de la misma masa.

Presume Aldonza, la Lozana, de preparar hormigos con aceite, que era algo así como bollo alargado con hechura salomónica; o helicoidal, si dicho así está más claro. La masa era de pan rallado y almendras o avellanas machacadas a conciencia. Y aceite. Hay una variedad en la que el aceite se sustituye por miel, y entonces es masa parecida a la del alfajor. Y de las talvinas, que es también masa dulce y frita, en cuya composición anda el pan, el anís, la harina, la almendra, el azúcar o la miel, según los gustos. Esto, por lo menos, es lo que divulga y aconseja Carmen de Burgos, la novelista que firmaba «Colombine», andaluza ella, en su simpático libro sobre cocina que publicó naciendo el siglo. En 1901. Receta tardía, pero miren, algo es algo.

En cuanto a las zaínas, gachas son, casi poleá, como por aquí decimos, sino que menos espesas. De zaínas habla Cervantes como de comida de poca monta y menor sustento, en *El coloquio de Cipión y Berganza*. El vocablo es arabismo de remoto origen y una tribu árabe existió que tomó el nombre de tan precario condumio, por ser habitual en su pobreza. A las zaínas se refiere Gonzalo Fernández de Oviedo y las compara a las poleás (él escribe poleadas). En verdad, las poleás, gachas o puches, se toman ya en tiempo de los romanos, como alimento popular y con el nombre de pulte. El nombre sevillano alude al poleo, que es un ingrediente que hoy no lleva, por lo general, el sencillo y sabroso plato; pero que formó parte de su receta se sabe por la constancia del nombre y del refrán: «Gachas con poleo, bien que las deseo».

Ignoro cómo se hermanaban la col y la alcaravea. La Lozana especifica que era col murciana. Sé de la alcaravea lo que cualquiera que sepa muy poco: que es planta con semilla aromática y picante, que se usa en licores, en algunos quesos y en determinados platos dulces o salados, que figura en la receta de Ruperto de Nola para las calabazas a la morisca; y también, cómo no, el viejo refrán «que orégano sea y no se nos vuelva alcaravea», en el que se pondera al orégano como mejor, sin duda alguna.

Y la olla reposada. Fundamento de la cocina española durante muchos siglos es la olla, ya citada por el bueno y jocundo monje Gonzalo de Berceo. Y por Juan Ruiz, el arcipreste. Y como es bien sabido, por Cervantes, cuando lo da como base casi cotidiana del sustento del hidalgo. No hay porqué seguirle la pista al plato más nombrado de nuestra literatura, con el nombre de olla o de puchero, ni explicar que junto a la habitual –y distinta en leves variantes, según zonas y épocas– está la olla podrida, más generosa de componentes; ni que de la olla salió siempre el caldo como plato aparte y como ingrediente indispensable para multitud de recetas; ni que con la carne sobrante, como se ha dicho, se preparaba el aliño con el salpicón famoso. Sin embargo, qué cosa podría ser exactamente la olla reposada y qué diferenciaba de las otras, si es que era distinta o la misma sino que conservada, no sabré decirlo. Aunque pienso que bien pudiera ser esto último, la que se aparta del fuego un lapso de tiempo antes de ser consumida, recalentada luego. Comoquiera que fuese se estimó por buena y lo atestigua el refrán: «La novia rogada y la olla reposada».

Hoy se sigue comiendo en nuestros pueblos, y seguramente en algunos hogares de la capital la boronía o alboronía, que es plato viejo, al que los árabes españoles llamaban *buraniya*. Su linaje es preclaro y se emparenta con Simbad y con Sherezade, porque aparece en *Las mil y una noches*. Y la cita Cervantes, por si fuera poco. Se preparaba picando calabaza, uniéndole berenjenas, cebollas y friendo como si fuera pisto, sino que muy hecho masa. Hoy se le agrega –o no, según los gustos– muy picados también, pimientos y tomates.

En cuanto a la cazuela de berenjenas moxíes (o mojíes) les diré que se trata de una torta de berenjena con queso, miel y pan rallado. Y se habló de que la berenjena dio mucho juego y que fue ingrediente principal, al que desbancó la llegada del tomate. Y que pasó de ser cantada, como también se ha dicho, por nuestros poetas, a servir de vocablo burlesco, y al decir esto me acuerdo del Cide Hamete Benenjeli cervantino. La receta que de este plato ofrece Ruperto de Nola añade a lo dicho culantro seco, alcaravea, clavos, jengibre, huevos, azafrán y pólvora del duque (que era mezcla recargada de especias y azúcar). No sé si hay estómago que resista esta prueba en nuestros días. ¿Y qué pinta el azafrán en todo esto? La Lozana usaba el de Peñafiel, y no otro y ya se está viendo que presumía de entendida. El colorante gustosillo, siempre caro, era falsificado ya en la Sevilla almohade: el diligente Ibn Abdun recomienda que no se compre prensado, en pastillas, porque suele ser falso, sino suelto. Que se consumía muchísimo no cabe la menor duda. Lo que no me parece cierto es que lo trajeran los moros, como repiten casi todos los tratadistas, desde el momento en que san Isidoro lo cita y describe un siglo antes de la llegada de Tarik y compañía. A título de curiosidad, quede dicho que había una calle Azafrán en la Sevilla del siglo XIII, según recoge Ballesteros.

Al referirse la Lozana a la cazuela con su ajico y cominico y saborcico a vinagre, no sé si está hablando de la mojí o de otra indeterminada. De ser la mojí ya vemos que es otra receta, puesto que en la aludida renglones atrás, no es, ya se ha visto, como para que responda a esos sabores. Como no tengo modo de averiguarlo, paso a recordarles que el comino aparece ya en las *Cantigas* del Rey Sabio y que un siglo después es encomiado por sus excelencias tanto culinarias como curativas. Y que el ajo, divinizado en Egipto y reverenciado en Roma, fue traído a la Bética, junto al aceite de oliva, por las legiones, mientras lo contrario no sea debidamente demostrado. Que es pieza fundamental de la cocina mediterránea y que, aunque tuvo sus detractores –don Quijote, entre ellos–, sus cualidades excelentes como condimento y como planta medicinal, hacen que siga siendo, por fortuna, ingrediente imprescindible.

Cita la Lozana, a continuación cuajarejos de cabritos y pepitorias. Los de cuajarejo, ya supondrá, quien no lo sepa que es diminutivo del cuajar, que es una de las cavidades del estómago de los rumiantes, en este caso del cabrito. Era comida humilde y popular y tiene remota relación con la pepitoria, que es también plato de desechos. Porque pepitoria era por entonces, y sigue siendo, cuando se habla con propiedad, un guiso de despojos de aves: alones, mollejas, crestas, higadillos, cuyo nombre nos vino muy tempranamente de Francia: del *petit-oie*, que, como saben hasta los niños, sobre todo si son franceses, significa ganso pequeño. Aquí no se hacía de ganso tanto como de gallina y la palabra sirvió, y no poco, para que nuestros autores barrocos hilvanaran metáforas al alcance de todos. Por cierto que según leo en la obra reciente y meritoria sobre la cocina andaluza, del cordobés Miguel Calcedo Hierro, la pepitoria pudiera tener más remota etimología, sin ganso francés por medio. Salcedo la hace derivar del latín de *pipetoria*, y de *piper*, es decir, pimienta. Y afirma que el plato es andaluz de origen. Así lo recojo para que los eruditos decidan.

No encontré, en cambio, qué cosa fuera exactamente lo de cabrito apedreado con limón ceutí, ni he de valerme de fantasmales conjeturas. Y paso a esas cazuelas de pescado cecial con orugas y cazuelas moriscas, que a la moza le salían, según ella, de maravillas. Ya apenas se recuerda que la oruga, además de un bichejo a punto de mariposa, es una planta aromática, en otros tiempos muy buscada y usada en la cocina sevillana.

Para condimentar, entre otras cosas, la carne, por ejemplo, había una salsa de oruga, la que un personaje del *Guzmán del Alfarache* toma en un mesón de Sevilla, para acompañar a «una libreta de carnero merino castrado». En el *Diccionario de autoridades* se indica que la de oruga es «salsa gustosa que se hace de la hierba de este nombre, con azúcar o miel, vinagre y pan tostado». También servía, como en la cazuela a que me refiero, para acompañar al pescado curado con sal o con humo, es decir, cecial, que en Sevilla se prepara en el barrio de los Humeros, y la cosa venía de muy antiguo; dicen que traída por los fenicios, si no a esta ciudad, a la costa de la que luego fue su reino. Y que se exportaba a Roma y antes a Palestina, donde sí era de atún –la seca y sabrosilla mojama– le daban el nombre de *kalios*. Los fenicios veneraban el atún tanto, que contaba entre sus divinidades. Los romanos no tanto, pero lo tenían entre sus manjares predilectos, y lo preparaban en tiras o en tacos en un aliño al que añadían huevos duros. Y, como de costumbre, la nota pintoresca nos llega del bueno de san Isidoro: el sabroso teleósteo –porque el atún es un teleósteo, se ponga como se ponga–, tiene la peculiaridad de ver mejor con el ojo derecho que con el izquierdo, detalle que nunca me acordé de comprobar preguntando a los de las almadrabas. En cuanto a la cazuela morisca, sé que es otro guiso de pescado según se deduce claramente del contexto. Sin la añadidura de la procedencia moruna, recetas he visto, y más de siete, que son cazuelas de pescados diversos, en las que al principal ingrediente, quiero decir el pescadito troceado o entero, se le añaden especias, almendras y pasas. Las pasas siempre, no falla.

Acerca del pastel y sus variedades

Tenían gremio los pasteleros en Sevilla, y en 1588, quejosos de la competencia que le hacían los no examinados, especialmente las moriscas, pidieron renovar sus ordenanzas. El documento, que recogió Santiago Montoto, hace relación de lo que debe exigirse para la elaboración y venta de lo que les era propio. Por ello sabemos de entre las clases de pasteles habituales los siguientes: el pastel a real, el pastelón, el de medio talle, el hojaldrado, el pastel turco y sus variedades de turco a la flamenca, el de leche, el de manjar blanco, el cubilete, y el pastelillo.

Como es bien sabido, el pastel era y es una masa de harina y otros ingredientes, que envolvía a un relleno, generalmente de carne, a veces de pescado o de frutas. La mejor envoltura, la más fina y preciada era el hojaldre, que la Lozana incluye en su lista de manjares. Del hojaldre hablara Martínez Montiño, allá en el XVII como de cosa antigua, y en verdad lo es, que ya lo cita el marqués de Villena siglos antes de que pasara a los recetarios franceses; que como se ha dicho, esta fue una de las suculencias que llevara a la corte del Rey Sol una cocinera española. Con hojaldre se tapaba el relleno. Lope de Rueda, en el paso I de *El Deleitoso*, en diálogo entre un bobo y un pícaro, lo precisa: «Habías de comer primero el hojaldrado y después la carne, y así te supiera mejor». –¿«Y qué era hojaldrado?». –«Aquello de encima». –«La tapa, querrás decir». –«Sí, hermano, la tapa o aquello de los lados». (Vélez de Guevara hace metáfora jocosa al hablar de techos hojaldrados). Y como nunca faltara el fraude, ni en esto ni en nada, había quien antes de

Desde su llegada de América, el maíz se incorporó a la despensa para usos culinarios y reposteriles, para la utilización, tanto del grano como de su harina, en tortas, potajes y gachas.
La mazorca, junto a otros elementos vegetales, como motivo decorativo.
Columna del Palacio Arzobispal, siglo XVIII.

adquirirlo levantaba la tapa para comprobar si lo oculto estaba en condiciones. Miren de dónde vino el dicho de «se descubrió el pastel», que aún se usa si se pone a las claras un engaño.

Fino hallazgo reposteril, este del hojaldre, masa prensada con rodillo al grueso de un papel. Los pasteleros conocían por obligación las variedades del rollo, de dos hojas, los atalejos, las cocas, los llamados hojaldres batidos y los de tocino. De donde se desprende que en más de un caso el hojaldre no era sólo envoltura de relleno, sino constitutivo del pastel, como en la coca. Había otro tipo de hojaldre, el de manteca de vaca, cuyas variedades más curiosas por desconocidas hoy, eran los hojaldres de ranas, de tortugas, de turmas (criadillas de tierra) y de membrillos con almíbar.

¿Cuál de estos rellenos emplearía la Lozana? Porque ella habla de hojaldre y habla de rellenos. Recetas que dan pero no sé si se ajustarán a la cocina local ni regional siquiera. El de cabrito, por ejemplo, que tomo de Ruperto de Nola, manda que cueza la carne con un buen trozo de tocino, se pique y se mezcle con pan rallado y queso rallado, huevo, perejil y azafrán y que todo ello se fría.

Otro manjar que sabía hacer la buena moza era –lo dice al principio de la relación– las empanadillas. Se dejó pasar para tratar de ellas en este apartado, porque de empanadas y de empanadillas se ocupaban también los pasteleros sevillanos. Y gracias a ellos sabemos que las hacían de carne y de pescado en diversas especialidades. Con las tapas de hojaldre, como afirma Covarrubias, que debía saberlo, o de masa de pan rallado, las empanadas más frecuentes eran las de liebre al vino, de jabalí, de venado, de pavo, de ternera; más las denominadas empanadas genovesas y empanada inglesa. Cervantes, en *El Rufián dichoso*, habla de la de conejos... «Hay el conejo empanado / por mil partes traspasado / con saetas de tocino».

Las de pescado, de sábado, de lamprea, de anguila y de barbo. (Siglos después, bien entrado el XIX, Juan Valera nos habla de las empanadas de otra cordobesa, Juanita la Larga, que traigo aquí, para el que guste de estos caprichos: eran de boquerones y picadillo de tomate y cebolla, y se tomaban... con el chocolate). Como se ve, hablo indistintamente de empanada y de empanadilla, siguiéndole la corriente al *Diccionario* de la Real que dice que una y otra se diferenciaban solo por el tamaño: recelamos del benemérito léxico oficial, que motivos hay, y no este solo, en materias de gastronomías. Creo, más bien, que lo que la Lozana hacía era lo que hoy llamamos agujas de carne y, también las empanadillas dulces, de ventas en confiterías, torterías y en los canastos que quedan de dulceros de aceras. Entre las obras del Doctor Thebussem se recoge una receta que le envió un amigo suyo, aficionadillo y algo más a estos saberes, don Matías de Alba. Es para la empanadilla clásica, en forma, diré, de media luna, que en vez de rellenarse de cabello de ángel, como es ahora frecuente, se hacía con masa de almendra –hablo del pasado siglo–, huevos y canela fina. Y que todo ello se pasaba por almíbar, azúcar y otra vez canela, antes de freírla.

(Y antes de seguir, una aclaración parece necesaria. La Lozana era cordobesa y en su tierra aprendió lo mucho que sabía de cocina, que no en Sevilla. Si se trae aquí, con su relación famosa, no es porque en esta ciudad declarara sus habilidades, sino porque siendo Sevilla centro de influencias –el cordobés Góngora la llamó metrópolis de España–, es lógico que aquí se recogieran y difundieran recetas haciendo propias las de las comarcas vecinas, al menos en una buena parte. La mayoría de lo que cita la Lozana era común a toda Andalucía y consta en las referencias de la cocina sevillana. La simpática moza nos sirve, por consiguiente, de amable pretexto y de notable guía).

Algo más sobre los quesos

Aquí y allá, el queso aparece por los textos en diversas formas y variedades: desde el requesón de las Marismas, que condena Ibn Abdun en el siglo XII, por su mala calidad, que «si la gente lo viera hacer nadie lo compraría», hasta el queso de Flandes que sirvieron a Rinconete y Cortadillo en la casa de Monipodio. Ya se vio que Baltasar de Alcázar incluye y elogia al queso, sin decir cuál, como postre en su cena celebérrima.

Se ha dicho ya cómo el queso rallado se usó como condimento o complemento en muchos platos, y no solo los de berenjenas. No se habló, en cambio, de los buñuelos de queso, popularísimos en la época almohade con el nombre de *muchabbana*, fruta de sartén que pasó a los cristianos: la almojabana, que perduró siglos y que se preparaba con masa de queso rallado y hierbabuena picada, según receta que publicara al iniciarse este siglo Carmen de Burgos. Era entre los musulmanes sevillanos uno de los muchos manjares de venta callejera, como el harisa (papilla de trigo, carne y manteca, frita y envuelta en miel), y las ya citadas albóndigas.

Quesos de cabra, de vaca, de oveja. De Grazalema, del Andévalo, de Cádiz; añejo de Aracena, conservado en aceite de oliva; de Castilblanco, de Aznalcóllar, de la misma Sevilla. Como complemento de una mala comida y como suplemento de una buena, como es sabido y repetido por los gastronómos. Y como integrante de la comida misma, en cuanto se ha dicho y en las sopas con queso rallado que, aunque no tengo datos, se comerían en Sevilla, ya que era plato común en toda España.

Era la de San Francisco la plaza más concurrida y principal de Sevilla, donde se celebraban los fastos más sonados, macabros o risueños, autos de fe o corridas de toros, y donde se establecía mercadillo diario que duró hasta el pasado siglo, con tenderetes para ventas de frutas, hortalizas y productos ya elaborados: quesos, dulces y fritos. Y también las salchichas y el anticipo de los pinchitos morunos, que los musulmanes sevillanos llamaban asfidas.
La plaza de San Francisco, litografía de John F. Lewis.

Y como comentario curioso, y otra muestra más de cómo cambian las modas en esto de los gustos, recuérdese que si hoy el buen degustador no prescinde fácilmente del buen queso, allá por el siglo XVII, y aún antes y después, fue desdeñado: Castillo Bobadilla aseguraba que el queso estaba entre los manjares viles, como la cebolla, y que no era digno, por lo tanto, de subir a los manteles de un corregidor.

Confituras de antaño

Por seguir la relación que he venido comentando, la de los saberes y sabores que se desprenden de *La Lozana andaluza*, he de ocuparme ya de lo puro dulce, de las confituras y mermeladas, que por entonces se llamaban letuarios, nombre hoy perdido, pero de latino abolengo y presente en las páginas de no pocos ilustres autores. Y es el caso que la moza guisandera y repostera sabía endulzar con arrope y con miel, y que tal hacía según fuera para casa o para venderlo. El arrope, como edulcorante. También se consumía solo, con pan; «sopear en el arrope» dice uno de los personajes del sevillano Lope de Rueda, y la venta callejera y pregonada llegó hasta no hace mucho, que yo me acuerdo. Ya saben: arrope es mosto requetecocido, generalmente con frutas cortadas a trocitos y formando pasta semilíquida, dulce, fuerte y oscura. (Y que nada tiene que ver con la arropía, que es estirado caramelo de miel o de azúcar). Esta del arrope es la receta más simple. Las hay más complicadas: sobre todo la que recomienda Juan de Aviñón, en la que en vez de frutas hay hierbas, pero tantas y tan inesperadas –vara de hinojos y de cardo, hisopo y lirio cárdeno, entre otras, además de pasas y de orozuz–, que hace del arrope algo de sabor inadivinable. (Y por si fuera poco, recomienda otros tipos de arrope: los de mosto cocido con algarrobas, los de arrayán y los de granadas, cada uno con su aplicación en medicina).

Uno de los letuarios era de membrillo. Buen fruto, tan útil para tantas cosas: para aromar la ropa, como recuerda Azorín, y para hacer muchas clases de dulces. Los griegos lo dedicaron a Afrodita, lo que quiere significar, sin duda alguna, que le atribuían comprobadas virtudes como excitante amoroso, como afrodisíaco, para que se me entienda. Por eso, la novia –del novio no se dice nada–, antes de acudir al tálamo, iba mordiendo un membrillo, tal como mandaba más que un rito la vieja tradición; costumbre que, por cierto, enfadaba a Solón, que la combate y condena. Los griegos hicieron confituras, cociendo al membrillo con miel (lo que pudiera ser la *meloplacunta* de los romanos), y no sé si la compota, propiamente dicha, que para los romanos era el *cidonitum*, por supuesto, con miel también, y que era postre de los hispano-visigodos de la Bética, al que se refiere el autor de las *Etimologías*. El cual, por cierto, nos habla de un misterioso vino de membrillo, que tenía sabor, color y olor de vino añejo.

El letuario de cantueso no me lo imagino ni tengo texto que me ayude, aunque sepa, más o menos, como todo el mundo, que es el cantueso planta de un fino e inconfundible aroma. El de uvas y el de berengenas vienen después. ¿Berenjenas en dulce? Rojas Zorilla las pondera en *García del Castañar*.

> ... y en blanca miel de rocío berenjenas toledanas.

¿Qué tendría, Señor, la berenjena que tanto inspiraba a los poetas? En las recetas de Ruperto de Nola, varias son las que emparejan con la miel al tan celebrado fruto. Y, por fin, dos recetas que más que culinarias o reposteriles son medicinales: la de flor del nogal, «para tiempo de la peste», y los también letuarios de orégano y hierbabuena, «para quien pierde el apetito».

Rosquillas y otros pasteles del siglo XVI, frutos de la repostería popular sevillana que aún perdura; piezas similares pueden verse en los establecimientos actuales. De las rosquillas decía el sevillano Ibn Abdun, en el siglo XII, que «deben estar bien cocidas y que han de ser anchas, porque las delgadas no aprovechan a los enfermos». Pormenor de *Santa Ana enseñando a leer a la Virgen*, de Juan de Roelas. Museo de Bellas Artes.

Moler los condimentos, la sal y no pocas especias, era tarea diaria en la cocina de años y siglos atrás. Pieza clave, por consiguiente, fue el almirez, especie de mortero, pero no de barro ni de madera ni piedra, sino de cobre, pintiparado para el adorno, que se fue convirtiendo en pieza decorativa del vasar o de la alacena. *Cristo en casa de Marta y María*, de Diego Velázquez.

Algo sobre las especias

La tienda del especiero estaba bien surtida. Por eso la calle, en un buen tramo, recogía en constantes bocanadas una mezcla inconfundible de fragancias. Olor a canela, a pimienta y clavo, a nuez moscada y a jengibre. Era como un aura del Oriente remoto y presentido, con nombres con resabios de alquimia, de leyendas, de antiguas consejas: el sésamo que los moros habían llamado ajonjolí, el cilantro, el cinamono, la cayena... A la tienda –callecitas entre la plaza del Pan y San Isidoro– llegaban fardos desde el Arenal, cuando un barco embriagado de perfumes picantes y de singladuras arrimaba cargamento por cuenta de portugueses. Y los carros iban dejando una estela desde el puerto a las especierías que venía a ser otra ruta de las especies por las callejas de Sevilla. Ruta excitante, de unos productos tan valiosos como las piedras preciosas, los tejidos suntuosos y las aguas de olor orientales también; y como ellos, evocadores no tanto de un pasado de la ciudad, o de leyendas antiguas con Bagdad como escenario, como de las aventuras de los mareantes genoveses y venecianos, de la dinastía de los Polo, que habían llegado a las entrañas de Arabia, al Cipango y a la India, después de cruzar la siempre misteriosa Bizancio, paso de cruzados. O de las nuevas Indias, con llamadas imperiosas de otras mitologías, donde El Dorado era centro de inquietantes esperanzas. De allí, la vainilla, que desde aquí se expendía luego por toda Europa, más que nada para aromatizar el cacao, otro recién llegado del Nuevo Mundo.

Mucho consumían de especias los sevillanos; más o menos, como en el resto de la cristiandad. Ya se ha ido viendo cómo se aromaban con canela o con clavo los más diversos platos, cómo se imponían el sabor acre y fuerte de la pimienta, del comino y del jengibre, casi nunca solos, a veces reforzados en la muy usual y ya citada pólvora del duque: especias en el vino y en los dulces, y añadiduras de licores y de plantas fragantes.

Los que la recibían, almacenaban, vendían a la población y distribuían para el resto del reino y de Europa, los especieros sevillanos, tenían hermandad y hospital, junto con los boticarios, en la calle que hoy se llama Palacios Malaver, y en otros tiempos Boticas. En sus tiendas se vendían casi toda clase de condimento. La sal no, pero sí las especias y plantas de importación y del país, como la alcaravea y la matalaúva, el orégano, la ajedrea y la menta; un extenso surtido de semillas, hojas, raíces, flores y partes de ellas, para condimento y lujo de los mejores platos. Y también el almizcle, los perfumes pasados por alambiques y redomas, y el ámbar y el incienso.

El gusto por las especias nos llegó de Roma, como tantas cosas, y tenía el doble fundamento del gusto y de las presuntas virtudes medicinales. Y hasta por su calidad de despertadores del apetito, que es una de las funciones de lo picante.

Y con la especia, la leyenda. La pimienta negra, ya se sabe, se diferencia de la blanca en que esta está descortezada y aquélla no. Esto no llegó a saberlo el bueno de san Isidoro, que la explica y describe así: «La pimienta es árbol que nace en la India, en la ladera del monte Cáucaso, en la parte opuesta al sol. Hay muchas serpientes en esta selva y los habitantes de esta región, para que huyan las serpientes, incendian la selva, y a causa de las llamas se pone negra la pimienta, que por naturaleza es blanca». Asunto resuelto: el de la negrura, el de la rugosidad y el de la calidad de ardiente.

Y puestos en referencias literarias, habrá que recordar que del comino se habla en las *Cantigas*, y del jengibre y del cinamomo, que es otro nombre de la canela, en *Las Partidas*. De la nuez moscada se ocupa Avicena. Un personaje de Lope de Rueda se queja con regusto: «Tanto quemaba aquella pimienta de los pasteles...», y don Lope de Sosa, el de Baltasar de Alcázar, saborea la morcilla, exclamando con entusiasmo: «Cómo la traidora pica...». El pique. Con especias o con la noria, o con la guindilla que pintara más de una vez el joven Diego Velázquez. Ese pique ardoroso, estimulante, tan combatido en pura teoría gastronómica en tantas ocasiones y tan saboreados en la práctica cuando se aplica, en su medida, en la cola de toro o en los caracoles, en el menudo.

El gusto y olor incisivos del clavo; el perfume suave de la canela cantada en la China hace cuatro mil años, admirada por Hipócrates y por Plinio; la gracia sutil de la matalaúva, plantada en nuestros pestiños y tortas; la picardía gustosa, agreste y hogareña de la hierbabuena, de la albahaca picadilla –todavía con usos culinarios en la ciudad–, del poleo, del perejil humilde, del ajo benemérito, para el contrapunto exacto de una cazuela; la función imprescindible del laurel, árbol glorioso y legendario, «enemigo de los rayos», para redondear un plato popular y sencillo...

Este rincón de las plantas, de las especias, junto a la sal de las salinas gaditanas y el chorreón de vino claro, tinto o generoso, o de coñac, si el caso llega –que esto es nuevo, con menos de un siglo–, hicieron y hacen posible que el alimento nuestro de cada día pase de servidumbre a logro cultural de la especie humana. Tenían su lugar fijo en la despensa, en las cajitas y en las orzas, colgados de alcayata o en saquillos. Allí, donde la naranja amarga para la col y la aceituna, al lado del orégano, del estragón, de la alcaravea, del azafrán costoso y gustoso. Y siguen gustando, porque la cocina sigue.

Junto a muchos pesares, el Guadalquivir proporcionó a Sevilla sus mejores venturas, por su cualidad de río navegable y cercano a la mar y por su abundancia en peces. A él le debe Sevilla buena parte de su pasada grandeza.
El río Betis, grabado del siglo XVI.

Los peces del río

Algo se dijo ya de lo mucho que aportaba el Guadalquivir al yantar de los sevillanos. El viejo y noble río daba sustos memorables con sus tremendas riadas, pero ha sido uno de los factores más positivos de la riqueza y del prestigio de la antigua Sevilla. Y como nunca fue cicatero ni en lo malo ni en lo bueno, resultó hasta pródigo, a veces, en esto de ofrecer buenas piezas al paladar de nuestros antepasados.

Hay que hablar ya forzosamente, del tantas veces citado Juan de Aviñón. Un médico que vino a curar los males del arzobispo don Pedro Barroso y que no volvió a Francia jamás, prendido de esta tierra. Llegó a conocer como nadie la comarca y la ciudad, barrio por barrio. Estudió su clima, el carácter, el temperamento de sus gentes, los morbos que sufrían, los remedios que podrían, con suerte, sanarles; investigó sobre el agua, sobre el vino, sobre las plantas, carnes y pescados, y con todo ello elaboró entre 1418 y 1419 un precioso documento, *Sevillana Medicina*, que publicado mucho después por otro gran físico, Monardes, constituye pieza imprescindible para conocer ciertos aspectos de la Sevilla medieval.

Y el maestro de Aviñón nos viene ahora de maravillas, porque a él debemos noticias discretas sobre los peces del río, sus caprichos, sus cualidades y sabores y el modo de prepararlos.

De buen sitio venía el físico famoso: de la ciudad que se había convertido en centro gastronómico de Francia. En Aviñón habían residido los papas desde 1309 a 1378, y de la suntuosidad de la corte pontificia en dorado exilio, queda no solo el palacio gótico como patente testimonio, sino larga fama del fastuoso protocolo y de la calidad de su cocina. Hay para esto un papa memorable, Juan XXII, cuya memoria va unida a no pocos avatares políticos y teológicos, desde su lucha contra la herejía a ser procesado, él mismo, como hereje. Pero en el inventario de su vida no falta su labor en pro de la gastronomía. Demostró bien a las claras, su oposición al naciente espiritualismo franciscano, que era llamada a la austeridad más extrema, con su afición a la buena mesa. Y para mayor lucimiento de sus festines creó toda una escuela, digamos que de alta cocina; instituyó un cargo apetecible, por lo honroso y bien pagado y por lo inútil, el de primer mostacero de palacio: bicoca que recayó sobre un sobrino suyo que no sabía hacer otra cosa. Cuenta Néstor Luján –que es autor de confianza– que por entonces se enarbolaba ya sobre los fogones el blanco gorro cocineril, y que el del sobrinito encaramado lucía cintas de oro, a modo de galones.

Que Juan de Aviñón aportara en sus recetas gustos y modos franceses, no parece extraño. Ni que recogiera lo que por acá iría aprendiendo, ya que el libro fue escrito después de muchos años de permanencia en Sevilla. Se verá que con respecto a la preparación del pescado no era parco en recomendar condimentos; esto, en Francia, era tan frecuente como en el resto de la Europa mediterránea y siguió siéndolo después. Marie-Antoine Carême, uno de los más famosos cocineros parisinos, recomendaba en el XIX una sopa de pescado para lo que se precisaba nada más que esto: anguila, lucio, tencas, carpas, pescadillas y lenguados, amén de caldo de esencia de hortalizas con su carga de especias; y a esto añadíase cebolla, cebolleta, mantequilla, nuez moscada, pimienta molida, clavo, tomillo, laurel y albahaca.

Se ocupa, para empezar, de los albures y recomienda pescarlos «desde San Juan hasta Santa María de Agosto», que es cuando están más en sazón y mejor presentados, por lo rollizos. Dice que ha de prepararse con salsa de agraz y de canela. En el *Libro de Buen Amor*, se habla de los albures; del «gordo y sabroso albur» sevillano que elogia Cervantes.

Del róbalo, aconseja que se busque entre Cantillana y Alcalá del Río y que lo coman, sobre todo los coléricos y los que sufren fiebres, porque les hará gran bien; aquellos de temperamento sanguíneo que vayan a pescarlo desde Alcalá hasta Coria y que de Coria para abajo acudan a buscarlos los flemáticos, porque allí se capturaban los mejores para ellos, siempre que lo asaran con salsa de limón o de vino blanco, y su poquito de canela. Para los otros, mejor será en opinión del sabio, cocerlo en agua dulce con limón y agua rosada, que ya saben lo que es licor de rosas.

Los sábalos eran mejores si se capturaban entre Alcalá y Coria. Siglos después, Vélez de Guevara precisaría que era en el Alamillo, dentro de dicho tramo, donde mejor se pescaba, junto a los albures y los sollos.

Así debía ser fama, porque cuando Lope de Vega escribe su muy citada despedida de la ciudad, dice así:

> Adiós, Sevilla soberbio,
> pan de Gandul de mi vida,
> roscas de Utrera del cielo,
> alcaparrón como un puño,
> aceitunas como el cuerpo.

Y no olvida de citar a los «sábalos del Alamillo».

El Alamillo era una huerta junto a la de la Cartuja, y su nombre perdura en el llamado camino del Alamillo. En el recibimiento de Felipe II, La Puebla del Río figuraba en una de las decoraciones fastuosas que ornaban las calles, con la correspondiente alegoría, en la que figuraba junto a los melones, el sábalo sabroso (y eso que, como observa Gabriel Sánchez de la Cuesta, en su *Discurso del buen comer andaluz*, el llamado Rey Prudente cometía la imprudencia de no probar pescado alguno; solo carnes, que tan mal iban a sus dolencias).

Juan de Aviñón recomienda que el sábalo se ase con naranjas o que se prepare en empanada o adobo. Como es bien sabido, frito, en adobo, se ha servido en nuestro siglo, hasta la extinción del pez en el Guadalquivir, tanto el sábalo como las huevas suculentas. (Entre los gremios del xvi, cita Montoto a los sabaleros, que tenían sitio reservado en la desembocadura del Guadaíra).

Las truchas venían no del Guadalquivir sino de algunos de sus brazos o afluentes y de otros ríos cercanos. Las compara el de Aviñón al carnero, pero no da receta alguna de cómo condimentarla y prepararlas. No nos faltan otras, como la de Ruperto de Nola, incluida en el apartado de viandas de Cuaresma. Tiene tres variantes y ninguna de ellas, como era de esperar, guarda parecido alguno con la trucha a la navarra.

No es muy partidario Juan de Aviñón del sollo; antes bien, declarado enemigo, pero permite comerlo, con reservas, en adobo de vino blanco y orégano.

Con salsa de limón o de lima y con canela aconseja el físico ilustre que se prepare la saboga. Y con otra más complicada, el barbo, que juzga pescado de mal sabor y mal humor; dice el hombre que una vez quitadas las escamas se lave bien hasta nueve veces en agua limpia y que se prepare al horno, pero con sal, canela, jengibre, clavos, azafrán, cebolla, vinagre, cominos y culantro. Que así no sabrá mal. Por lo menos pienso que no sabría a barbo. (San Isidoro era enemigo del barbo: escribió que embota la vista y cohíbe la lascivia y que al que mucho come de él, acaba oliendo a pez).

De la anguila recomienda Aviñón que sea pescada entre Alcalá del Río y Coria, y que se escojan las grandes y, a ser posible, hembras, porque son mejores que los machos. No iba esto con los judíos, que no probaban ni anguilas ni congrio (ni cerdo, liebre o conejo). Y de la lamprea (elogiada por Juan Ruiz en su *Libro de Buen Amor*: «la buena lamprea de Sevilla»), recomienda que al adobarla le saque primero la hiel, sin rasgarla mucho no se le vaya la «grossura»; que se lave en vino blanco y se ase con clavo, o se prepare en cazuela.

Acerca de los camarones, tan abundantes hasta hace relativamente poco –puerto camaronero era el que estaba en la orilla de Los Remedios– lo recomienda para el que padece de riñón, porque quiebra la piedra, y asegura que los cocidos con sal en casa son preferibles a los que se venden ya preparados. Y los de Carmona (?) son los mejores y más gruesos y sanos. Ya les hablé que a Estebanillo González le gustaron los camarones con zumo de lima.

Cervantes en la comida de pícaros que sitúa en al Alamillo, habla de:

> el pintado camarón
> con el partido limón
> y bien molida pimienta,

lo que alguna idea nos da del modo de prepararlos.

Todo esto es lo que ofrece, que no es poco, el físico francés vecino de Sevilla –donde murió con noventa y tantos años–, acerca de los peces del río. Resumido va, porque el hombre se afanaba en clasificarlos aristotélicamente, según fueran húmedos o secos, calientes o fríos y en todo caso, aunque esta fuera escapada culinaria, escribía en función de la dietética más que de la gastronomía.

Queda entre el regusto imaginativo de los posibles sabores, y entre la referencia a la abundancia, que luego seguirán haciendo otros, en el transcurso de los siglos, el otro sabor, más bien melancólico, de la realidad presente. Nuestro río ya no es el de las aguas limpias y claras que más o menos hiperbólicamente cantaran los poetas, ni es, por lo mismo, nada que recuerde, en cuestión de fauna sabrosa, a lo que fuera en cualquier otro tiempo.

Los peces de la mar

Hay una muy larga tradición de pescados de mar en la comida sevillana y aún perdura. Tal vez, por aquello de los otros aceites, no de oliva, decayó con mucho recientemente la fama de las freidurías y la estimación del cartucho de pescado frito.

Como se dijo, nuestro Guadalquivir famoso nos trajo siempre buenas piezas, frescas o en salazón. Y nuestro paisano adoptivo Juan de Aviñón se ocupó también de estos peces de agua salada que arribaban al muelle y a la plaza de la Pescadería, de sus cualidades y de su preparación, que es lo que más nos importa.

A la corvina, que sigue siendo, preferentemente, pescado de guiso, aconseja prepararla con ajo, vino, sal, vinagre y orégano, sin precisar si en cazuela o sartén, empanada o potaje. Lo que sí asegura es que es indigesta, por lo gruesa y viscosa.

Del atún se habló; pero nuestro médico y gastrónomo del siglo XIV, recomienda que se cueza con la planta de oruga. (Hay otras muchas recetas, todas posteriores, del atún sabroso, desde la mojama, desechada por Juan de Aviñón, a la empanada).

De la urta se ocupa el hombre en lacónica receta que pudiera ser anticipo remoto, casi a modo de ensayo de la fórmula roteña, que es la definitiva, por su acierto. Dice solo; «cocida en su salsa verde». Juan Ruiz en el *Libro de Buen Amor* habla del mismo pez y le llama ultra.

Las sardinas, asadas. Nada de cocidas ni fritas. Si acaso, las «arencadas». Del arenque habla luego y lo considera estimulante para el apetito; pero ha de comerse con miel o naranja. De la pescada, porque así se llamaba ya en Sevilla a la merluza hace seiscientos años, da opción a prepararla en salsa verde, tal vez anticipo remoto de la merluza a la vasca; asada o barrada (¿con incisiones?), en ajo y aceite. Si no es fresca sino cecial, que sean previamente lavadas en agua dulce durante dos días y dos noches y luego se cueza con oruga o con nogada. Íntimo pariente de la pescada es la pescadilla, que ya tenía en la Sevilla del XIII el nombre de pixota o pijota, como cita Ballesteros. Así también la llama el Arcipreste de Hita.

Reconoce nuestro lejano guía que las ostras, como están sabrosas son crudas, y le alabo el gusto; pero, como médico recomienda que se tomen asadas. De la ballena no dice de qué modo habría que prepararla, ni al parecer le preocupa, porque aunque era frecuente su venta en Sevilla, al hombre ni le gustaba, ni le parecía sana de comer. Aunque no tan mala como el cazón, el pulpo o la raya, a los que llamaba sencillamente, traidores.

Y dejando ya a Juan de Aviñón en su justa gloria, traigo aquí la famosa cazuela de bacalao frito, que sirvieron –aunque no sabemos si la llegaron a catar– a Rinconete y Cortadillo, en la casa de Monipodio. Sin más datos, he aquí una fritura que si fue a tiras, lo que podría ser natural, como aconseja Nola para el pescado de cierto tamaño, viene a ser el más antiguo precedente que conozco de uno de nuestros platos más populares, los pavías, o soldaditos de Pavía, flor de freiduría cuando la masa es buena masa y el bacalao no se suplanta, y prestigio del mundo leve y sustancioso de las tapas. Del porqué del nombre ya escribió y recogió Antonio Burgos lo suficiente. En resumen, les recordaré que fue hallazgo de tiempo de sitio, como dicen del turrón, pero no por necesidad de sitiados, sino de sitiadores, y que la cosa data de las cantonales. Como decía Santiago Montoto, de ayer mañana. Que esta fritura –y su nombre– tuviera rápida divulgación fuera de Sevilla, lo sé porque anda ya en los recetarios del pasado siglo, como en el libro de Ángel Muro, impreso en Madrid cuando el general Pavía no había pasado aún a mejor vida.

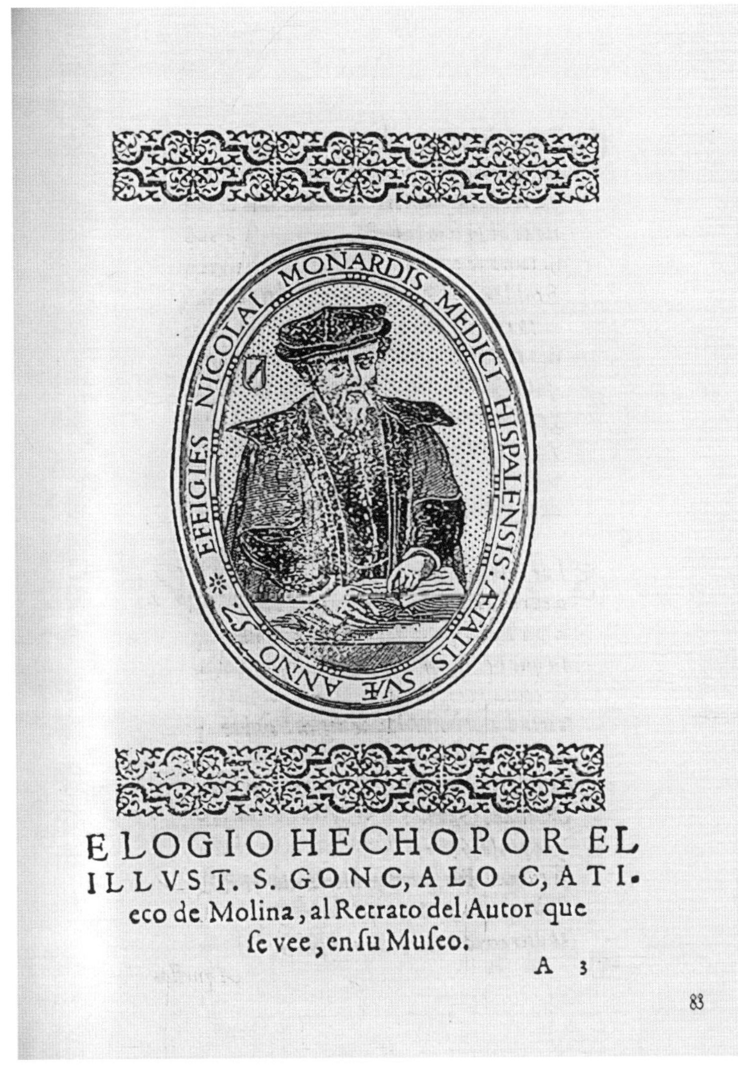

ELOGIO HECHO POR EL
ILLVST. S. GONÇALO ÇATI-
eco de Molina, al Retrato del Autor que
ſe vee, en ſu Muſeo.

A 3

83

Nicolás Monardes, ilustre médico sevillano. Mandó imprimir la obra de Juan de Aviñón *Sevillana Medicina*, donde se incluye uno de los más antiguos recetarios gastronómicos de España. Monardes se ocupó en un tratado de las virtudes de la nieve, tan usada en la ciudad para refrescar las bebidas. (Grabado de la época).

El vino, siempre en las comidas, como bebida fría o natural, puro, aguado o mezclado con hierbas, miel o perfumes. Y fuera de las comidas, que nunca faltó establecimiento abierto para alivio de caminantes. La literatura sevillana, como la española toda, habla mucho del vino, pero hasta finales del XIX casi no aparece la figura del borracho en nuestras letras. *Hasta verte, Cristo mío*, de García y Ramos. Museo de Bellas Artes.

Los testimonios del pueblo

Vienen a colación otros datos que si logro adobarlos y servir en condiciones, han de resultar sabrosos a los que gusten del sabor popular, que no todo ha de ser cita de gente culta y fina, así como historiadores y literatos. Puesto que se viene hablando más que nada de la comida popular de nuestros antepasados, bueno será escuchar la voz del pueblo para que nos conduzca por algún que otro camino de la sevillana gastronomía. Y se hará consultando a lo que se conserva en viejos pregones y en el refranero. Hay donde buscar, porque son muchas las colecciones que de lo uno y de lo otro fueron recogiendo una buena gente llena de curiosidad y de paciencia, el benemérito grupo de folcloristas andaluces que se pasaron la vida indagando del monte el llano, cosechando y clasificando los frutos de la sabiduría de nuestro pueblo.

Lo que se recoge aquí no es sino una mínima parte de lo que pudiera haber sido si otro fuera mi propósito y otras mis fuerzas y horas disponibles, porque el caudal, amigos, es inmenso. Con solo recurrir a lo que recopilaron Machado y Alvarez, Machado y Núñez, Luis Montoto, Torres Salvador, Rodríguez Marín, Pardo de Figueroa, Alejandro Guichot, García Blanco y otros tantos ilustres folcloristas de fin de siglo, había de sobra para multiplicar estas páginas. Eran hombres de intensa, humanísima cultura, que sentían por las cosas andaluzas, por sus tradiciones y modismos, consejas y sentencias y por cuanto fuera reflejo de un comportamiento distintivo, un amor estupendo y fecundo.

Empezaré por los refranes y, de entre ellos, por los que se refieren a la caza, para el elogio o para el consejo. No se olvide que desde antiguo lo más preciado en la cocina era la pieza cobrada por esos montes de Dios y de las piezas, ninguna como la perdiz que de tantos modos pasa al lenguaje llano que hasta remata como coda imprescindible a los cuentos infantiles: «...y comieron perdices». Sí, pero hay que comer la perdiz con la mano en la nariz, el refrán lo aconseja, porque es creencia admitida todavía por más de uno, que nunca está tan gustosa como cuando empieza a oliscar. Lo del olorcillo previo se hace extensivo al conejo: el conejo y la perdiz han de entrar por la nariz. Por acá se recomendaba que la perdiz –y el perdigón, que es la cría– sean, como la buena cal, de Morón de la Frontera (el buen perdigón, en la sierra de Morón), cosa que también aconseja Cervantes que tanto andurreó por su mala fortuna por estas tierras. También se aconsejaba que puesto a escoger se trinchara de la perdiz el pecho y el lomo del conejo por ser los trozos más suculentos, y entre las muchas recetas la sugerencia es terminante: el conejo, en salmorejo.

Pasando de la caza a la olla común, siglos antes de que arribaran maggis y avecrenes, se ponderaba como fundamental ingrediente a la sabrosa gallina. Sabrosa digo, porque hablo de la de campo, y alguien habrá que la recuerde. Aquella de la que se decía ya en el siglo xv, según recogió el marqués de Santillana, aldeana es la gallina y cómela el de Sevilla. Y es que, como rara era la cazuela que no tuviese su porción de caldo, el refrán dejó sentado que la gallina hace la cocina, o lo que viene a ser lo mismo, que sin ella poco había que hacer. La gallina, siempre. En cambio, puestos a escoger su mejor tiempo, por estar más a punto, preferíase el pavo en Navidad y el conejo por San Juan. Y en cuanto al pollo, no se hablará aquí de su mejor momento sino de su guiso más propio, expresado así: el arroz, con pollo y al cuerno el arroz solo. O con tocino, como en la Baja Edad Media se decía: a mengua de carne, buenos son los pollos con tocino.

Con el tocino nos acercamos de nuevo al puchero y el refrán, por esta vez, se muestra benévolo con las verduras, sin duda por la alianza tocinesca, y si no pondera exactamente su sabor, al menos elogia el vigor que proporciona, al decir que una olla de coles con tocino añejo resucita a un muerto. Y eso que el comer verduras y echar mala fortuna venía a ser la misma cosa; que ya se ha dicho que a nuestros carnívoros antepasados lo de la huerta no pasaba, por lo general, de la categoría del perifollo para las viandas, de guarnición, como ahora se dice. Siempre que posible fuera, y lo fue, salvo en caso de indigencia, la carne roja o blanca, de corral o de caza, y por acá el pescado, eran los fundamentos insustituibles de la comida cotidiana.

Por la berenjena, de la que tanto y bien hablaron los poetas moros y cristianos, el pueblo no parece sentir entusiasmo de ninguna clase; la berenjena, para nada es buena, dicen, tal vez por hartura de tanta ración obligada. De la humilde ensalada, hay refrán que la acepta como recurso –más vale ensalada que nada– y hay otro que la recomienda, con precisión, en su debido punto: la ensalá, salá y bien aceitá.

Algunos ejemplos más completarán la relación sucinta. Como curiosa, sin más trascendencia, la distinción radical entre el boniato y la batata queda anunciada así, de forma terminante, como es costumbre en el refranero: la batata la hizo Dios, el boniato, no. Y para que sean más gustosas y llevaderas, las migas sencillas y campesinas han de estar compuestas por trozos diminutos: las migas como hormigas, según un refrán que se pasa un poquito en lo hiperbólico.

De los peces de nuestro río, el pueblo prefería la anguila, empanada y la lamprea, escabechada. En cuanto a la miel que ya se ha visto cuán usada fue siempre, para platos salados y para dulces, en guisos y en postres, exige el pueblo que sea reciente, lo contrario de la bebida: la miel nueva y el vino viejo y recomiéndala para las poleás cuando dice que gachas con miel, a todos saben bien. Y abandono al refranero escogiendo a una fruta de las que cita, por ser de las más traídas y llevadas en esto de lo popular; y hablo del pero, naturalmente, rondeño. Por lo sabroso –pero que no es de Ronda, otro los monda– y también por su notable tamaño –pero de Ronda y camueso de Antequera, no caben en faltriquera–.

La fruta se hace famosa y pasa al pregón callejero porque el que pregonaba iba señalando si no la verdadera procedencia, la ideal, la que podía por sí misma garantizar la buena calidad de un producto.

Este aspecto del pregón, estudiado hace ahora un siglo por *Demófilo* en la revista *El folk-lore andaluz* es interesante para nosotros por contamos hacia dónde iban las preferencias sevillanas, puesto que de las calles de Sevilla fueron los pregones recogidos. Unas preferencias motivadas por el acostumbrado o imaginario lugar de origen, porque muchas veces, por ponderar la calidad de un producto se añadía, en el pregón, que lo pregonado nos venía de un lugar ya famoso, aunque a veces la fama fuera tan legendaria como era la China para las naranjas de Mairena.

Los pregones, en efecto, eran dignos de recogerse y de conservarlos como parte de nuestro más pintoresco folclore; aunque, por aquel entonces, sin medio alguno de grabación, se transcribiera solo la letra dejando fuera la toná, perdiéndose no solo el característico sonsonete, que en ocasiones era atractiva melodía, sino el timbre y el temple de la voz del pregonero. Así que el popular reclamo nos llega como referencia y no como dato completo.

Por la recopilación dejada en la citada revista por Machado y Álvarez, sabemos que eran famosos el ya citado pero de Ronda, las brevas si venían de Almonte, las calabazas de Rota, y las peras de Aragón o de Priego; los damascos (ya casi no se dice por Sevilla damasco, sino albaricoque, qué le vamos a hacer) de La Palma, los membrillos de Zahara, las papas de Sanlúcar y las granadas de Alcalá, pero no me pregunten si del Río o de Guadaíra porque no lo sé; los higos (chumbos) de Málaga, las castañas de Galaroza y las bellotas, naturalmente, de la sierra sin meterse en precisiones de cuál de ellas; las batatas de Motril, las aceitunas prietas de Morón y las almendras del Puerto y de Alcalá de Henares. Añádanse las sandías de Cantillana y las nueces mollares de Ronda, tal como se recoge en otro espacio de la misma revista y tenemos un mapa muy aparente y casi completo del asunto. En cosas de comer, del campo, ya sabemos de dónde le llegaban las mercancías a Sevilla en el siglo pasado. Sobre todo, si incluimos en la lista los productos elaborados de venta callejera habitual, como el queso manchego, el aguardiente de Rute o el inesperado bizcocho que, según el pregonero, llegaba en velero desde la isla de Mallorca.

Los pregoneros siguieron y quien esto escribe recuerda algunos de ellos, melódicos y briosos, por las calles del barrio de su juventud, y eran los de melones de la Isla, chumbos de Jerez y naranjas de Mairena. La cosa ya perdió vigencia, porque el pregón terminó cuando se acabó la venta de puerta en puerta, de calle en calle, con canasto, con carrito o con burrito de repletas angarillas. Ya no tiene sentido ni es posible, me temo, que pueda ser registrado en grabación alguno de los antiguos, en la voz de sus creadores.

Una vez –sería a mediados del siglo XIX, quién sabe si antes– el pregón derivó en cante flamenco y quedó fijado para siempre en el mirabrás. Oportunamente nos viene a la memoria porque

Del espárrago dicen los tratadistas que nos llegó de Bizancio, tal vez por buscarle abolengo de refinamiento. El nuestro, el triguero, lo teníamos por fortuna aquí y desde siempre, y ha venido sirviendo para suculencias tradicionales en salsa propia y en alianza feliz con huevos y en su punto de sabrosillo amargor.
Bodegón, de Juan Antonio Rodríguez, colección particular.

en el mirabrás, de letra fija, se recalca y perpetúa la fama de las castañas de Galaroza, de los melocotones, que no los peros, de Ronda, y de las naranjas que vuelven a de ser de la China; como las que se pregonaban por las calles y como las que aparecen en unas seguidillas recogidas por Rodríguez Marín, que así decían:

> Primero que te orvide,
> calle Castilla,
> han de echar los olivos
> naranjas chinas.

Casi al margen de la historia

Bien está que la gastronomía sevillana presuma de linaje. Pero hay otros productos de la inventiva cocineril de esta ciudad y su comarca que aquí no se nombraron y que habrá que evocar y elogiar, aunque sea de pasada. Manjares que son felices porque no tienen historia, ilustres por la primordial razón de la suculencia, y tan de nuestra tierra que sería desdén no aludirlos e injusticia dejarlos sin elogios. Están vigentes en nuestros hogares. Algún día escribí que nuestra mejor y más propia cocina no es de cocinero, sino de cocinera y que por eso, y por otras razones que diré, no pasaron sus delicias, sino en contados casos, al restaurante. Es cocina sabía y vieja, hogareña, poco difundida porque por acá no tuvimos apenas exégetas del buen comer y cuando los hubo extremaron sus cautelas y pudores. Y si el gastrónomo es forastero, cató, por lo visto y leído, no en los hogares, sino en los establecimientos del noble gremio de la hostelería.

Durante siglos, cabe suponer que en los mesones sevillanos, casas de la gula y posadas, y en ventas cercanas a la ciudad, servían, con mejor o peor fortuna, platos populares de acuerdo con el yantar de cada época. Así en el Mesón de los Gatos, que por el siglo XIII estaba en el Arenal; en el Mesón del Moro, que visitó Quevedo; en las Escobas, en el Rinconcillo, en la posada de la calle Bayona, donde vivió Cervantes, y en la de la calle Sol, tan elogiada en el XVI.

Pero hay una etapa que la marca el siglo XIX. La influencia francesa arriba no solo a los salones, sino a las cocinas, y ya se sabe que los más pudientes, si eran cultos, eran afrancesados.

La pequeña corte del duque de Montpensier contribuyó a estimular una corriente de estimación hacia lo francés, que ya existía desde el tiempo de la Ilustración en no pocas familias, sobre todo de la aristocracia. Y al palacio de San Telmo llegaron árboles y flores francesas, y todo un surtido de platos al gusto parisino. Como en el resto de España, se vendían en Sevilla libros recetarios inspirados en los que se editaban en Francia, cuando no se trataban de meras traducciones. Por otra parte, la aparición del turismo y su primer apogeo a finales de siglo multiplicó y mejoró las instalaciones de hostelería: del «mesón» al «restaurante», de la fonda al hostal. Y es entonces cuando abre sus puertas, entre otros, un restaurante que durante muchos años alcanzará un inusitado renombre: El Pasaje de Oriente regido por Paul Bousquet, que sirvió banquetes reales dentro y fuera de Sevilla, y ofrecía una carta de exquisiteces donde no faltaban ni los más acreditados platos de *gourmets* ni quesos ni vinos ni licores de Francia. Algo tuvo que ver con lo que vengo contando aquella fama, porque El Pasaje creó escuela, como luego la cocina del Hotel Alfonso XIII. El gusto francés, primero, y luego, por desdicha, la llamada cocina internacional, el de los rosbif con guarnición desabrida, la bechamel bajo palabra de honor y la salsa para todo con tendencia al engrudo desleído, pasó a la mayor parte de los establecimientos de comidas. Las consecuencias, ya lo saben el viajero y el indígena, las disfrutamos –es un decir– en nuestros días, con las excepciones afortunadas, que también las hay.

La cocina hogareña y tradicional se quedó en casa, con las salvedades que dije: el gazpacho, en versión no siempre afortunada; el pescado frito, el menudo, los huevos a la flamenca, la cola de toro y poco más. De lo otro pasó en el mejor de los casos, a los bares, a las breves suculencias de las tapas de cocina. Mezclado, eso sí, con las aportaciones de los montañeses y gallegos, y con los aliños y con las tapas sin elaborar: el queso manchego, las aceitunas, la conserva de pescado y los mariscos y el surtido generoso de la sierra, desde el morcón a la caña de lomo, pasando por el jamón benemérito, origen de las tapas y del nombre que llevan.

No haré relación completa de estos platos hogareños. El lector sabe que son muchos y sabrosos. Nada tiene de particular que la cocina sevillana sea rica e imaginativa, porque este es pueblo de arrestos creadores como pocos, con personalidad definida como ninguno, que creó reglas y trazas propias para su arte y para sus artesanías, para el toreo y para sus fiestas, para cualquier modalidad del comportamiento. Para la cocina también, que es –y ya lo han dicho otros antes que yo– una manifestación de la cultura popular nada desdeñable.

La mujer sevillana supo –y sabe– afinar con gracia, amor y tacto en este menester, ensamblando sabores y recursos con sabiduría, haciendo gala de mesura, de ese ni más ni menos que sitúa el fiel de los sabores en su punto justo. Creó variedades del potaje, que es nombre antiguo, latino, para infinidad de guisos en toda la Europa mediterránea: como para explicarse (que trabajo cuesta) lo de Saúl, si es de lentejas; como para mitificar al garbanzo y salvarlo de su casta plebeya; como para ensalzar al chícharo, o la alubia, como ya se va diciendo. Hizo de la menestra plato de postín, que ya es difícil. Le sacó a la olla su punto preciso para conseguir el cocido nuestro de algunos días, que es hallazgo sin parentela con el madrileño, ni con el pote ni con la escudella: el gustoso, sustancioso –y ya tan caro...– cocido de tres platos –de tres vuelcos, como decían los antiguos–, con preludio de caldo y coda de pringá y con las verduras del tiempo: la acelga –que ya es mérito sacar sabroso partido a las «desabridas acelgas», como las llamó Marcial–; la col –con roción aconsejable de zumo de naranja amarga–;

el cardo, la tagarnina –si se encuentra, que no hay manera, dicen que por culpa de los tractores–, y, en alianzas atinadas e indisolubles, de habichuela y calabaza o de haba y guisante. Y como variedad específica, el cocido en blanco, tan distinto del de la meseta.

La mujer sevillana le sacó partido increíble al espárrago triguero, al que se vende, todavía –cada vez menos– en manojos; le buscó los condimentos adecuados, imprescindibles del pan frito majado, el ajo, el vinagre y las especias con tiento, que matizan sutilmente el amargor sabrosillo de la planta. Es la manera «esparragada» que sienta tan bien a la espinaca. Y rescató el menudo, tan antiguo que ya tomaban en Roma algo parecido y tan europeo que no falta en ninguna cocina tradicional. La variante nuestra lleva, cómo no, su carga de pique, pero es menos ardiente y cuenta con mejores avíos, por lo general que el de otras regiones. Y digo lo de los avíos, como pudiera haberlo dicho al hablar de potajes –que no de Cuaresma– y del cocido, porque en parte muy notable, la bondad de estos platos se debe a la generosa aportación de la sierra de Huelva, y también las de Badajoz y de Sevilla, que son procedencias de garantía.

Y puesta a lo más difícil, se esmeró hasta con un pescado fuerte y recio, el cazón, en guiso magistral tanto si va en amarillo como si se prepara con tomates.

Ingenio hace falta para todo esto. Y más, para el plato somero, casi tentempié, que pasó –como las espinacas con o sin garbanzos, esparragada y con festones de pan frito– al mundillo de las tapas. La humilde sangre encebollada, las patatas aliñadas, gustosas si se dio con el punto preciso a la cochura, al aceite de oliva y al vinagre; o las patatas con tomate frito al que no hay nada que objetar. Recursos de habilidad, como la sopa de tomates, espesa de pan, aromada con hierbabuena, o las migas, que conocieron los romanos como plato baladí –Virgilio las desdeñaba– y tomaron durante siglos los pastores y que por acá se da un tono distinto –no diré si mejor o peor– que por la Mancha o Extremadura. Y habría que evocar, por fin, el arroz, caldoso y sabroso, para la almeja o para los estorninos, que son pájaros, como saben, amargosillos de sabor, por lo mucho que le gustan las aceitunas.

Todo esto y algo más existe, y si no cuenta en los recetarios peor para los recetarios. Espero que siga existiendo por mucho tiempo. Aunque varíen matices, aunque cambien los nombres, que cambiarán. Fíjese que ya se les va llamando alcachofas a los alcauciles, callos al menudo, alubias a los chícharos, y a las tapas, aperitivos. Ya no se piden asaduras ni meolladas, que son palabras muy nuestras por muy antiguas y hasta ahora populares.

EL TIO CLARIN. Nº 52.

El Tio Clarin, en prueba de gratitud á sus suscritores, suplica á los mismos se dignen admitirle el presente regalo de Pascuas, en que hay de todo menos *castañas*, por que estas las recibe el público diariamente.

Lit. de Mariani Sevilla.

El festín hogareño por excelencia fue siempre el celebrado con motivo de la Navidad, representado aquí en sus elementos más típicos, en festiva alegoría de a finales de siglo xix. Rodean al pavo, a modo de orla, el vino, la fruta, la tortera (con naranja escarchada y coronada por ramillete), el pescado (el besugo para el horno), la caja de jalea (humorísticamente «jaleo»), la batata, la miel o la confitura, el licor y los melones. Una relativa fastuosidad, en la que hoy se echarían de menos chacinas y mantecados y los foráneos turrones, y en la que el pavo (llegado de las Américas en el siglo XVI) es el primordial y más característico componente. Grabado publicado en *El Tío Clarín*, revista satírica. Sevilla 1860.

Colofón con sobremesa

Llegó a su término este trabajo, lector amigo. Levántense los manteles, que ya es hora, y buen provecho, como se dijo al principio. Quede esta despedida como charla breve de sobremesa, y en ella digo, antes de que me lo digan a mí, que bien sé que quedaron sin tratar no pocas materias: recetas pintorescas, datos de comportamiento y señas de manjares.

De entre los platos se me fue, porque lo dejé ir, esperando el lugar propicio, el tan traído y llevado manjar blanco, del que existen tantas definiciones y recetas, y algunas tan dispares, que queda como nombre enigmático para muy distintos sabores. No sé cuál se tomaría Estebanillo González cuando se acercó a Sevilla, ni cómo era el que servía de relleno a unos pasteles que se citaron, a cuya elaboración obligaban los examinadores del gremio en esta ciudad.

Se trató del vino, puro, aguado, mezclado con hierbas, miel, azúcar o especias, frío o a temperatura ambiente, en guisos o como bebida; y también de sus procedencias. Pero no se le dedicó capítulo como merece; que ya saben que san Isidoro, nuestro arzobispo del siglo VII, con fama universal de sabiduría, dijo aquello de que «la simple comida se divide en dos cosas necesarias, el pan y el vino; y en dos superfluas, que son todo lo de la tierra y el mar que se busca como motivo de la comida». Y que siglos más tarde, Baltasar de Alcázar puntualiza con donaire su etimología cuando afirma que se le llama vino porque nos vino del Cielo.

No hablé del aloja, de la que casi nadie se acuerda, pero que fue bebida entre los musulmanes y entre los cristianos; mezcla estimulante y refrescante de agua, de miel y de especias, de la que hay receta de los tiempos de Juan II, cuyo resultado, hoy sería más que difícil de ingerir.

Muy poco espacio dediqué al sollo, un pez que pasó del Guadalquivir a las cocinas y a los modismos; y al alcaparrón, que Lope echaba de menos al marchar de Sevilla y que Cervantes lo hacer servir en la casa de Monipodio, bien ahogados en pimientos y acompañados de cangrejo; y al orozuz, que encontré en recetas y que se criaba en abundancia por los llanos de Triana, según dejó escrito Matute, natural, vecino y cantor del arrabal famoso.

Algo o mucho más omití; lo que se escapara a la levedad de mis conocimientos; y lo que aludí, porque hubo, ya lo dije, el propósito de no caer en lo empachoso, que no hay nada más enfadoso que acumular datos por alardes sin ton ni son, con pretensiones de erudito sin serlo.

Lo que de veras me propuse fue ordenar el resultado de mis encuentros culinarios durante mis lecturas sobre la antigua Sevilla. No encontré nada nuevo, y lo siento, acerca de la yema de San Leandro, manjar que hubiera servido al lector como colofón y despedida; solo la noticia, ya muy sabida, de que hay documento entre las monjas, que remontan la antigüedad del dulce tan sevillano al siglo XVII y las referencias literarias, de Palacios Valdés, por ejemplo, ya entrado nuestro siglo.

Pero pretendo haber hecho algo, por modesto que sea, para contribuir al conocimiento de nuestra cocina, rica, variada, sabrosa y tan antigua como cualquier otra manifestación de la cultura de nuestro pueblo.

Nota final, así como bibliográfica

El autor consultó entre otros autores y obras a estos que se citan: a Baltasar del Alcázar y Juan de Aviñón (*Sevillana Medicina*); Manuel Ballesteros (*Sevilla en el siglo XIII*); el *Diccionario Etimológico* de Corominas, el ideológico de Casares y el de la Real, así como el venerable Espasa; *Don Álvaro*, del Duque de Rivas y *La Lozana andaluza* de Francisco Delicado; *La vida de Estebanillo González* y cuatro obras de Cervantes, las cuatro en edición de Rodríguez Marín, por aquello de las notas enjundiosas y eruditas: el *Quijote*, *El Rufián Dichoso*, *El coloquio de Ciprián y Berganza* y *Rinconete y Cortadillo*; textos de Richard Ford, de Henry David Inglis y de Borrow, recogidos por José Alderich; el *Tratado* de Ibn Abdun y las *Etimologías*, de san Isidoro de Sevilla; *La ciudad medieval*, de Miguel Ángel Ladero Quesada y *Nova Roma* de Vicente Lleó Cañal; Los *Diálogos* de Pedro Mexía; *Sevilla en el Imperio*, de Santiago Montoto, el libro benemérito sobre las riadas, de Francisco de Borja Palomo y *El discurso del buen comer andaluz*, de Gabriel Sánchez de la Cuesta; *Cien años de medicina sevillana*, de Antonio Hermosilla, *Sevilla, fortaleza y mercado*, de Ramón Carande, y un discurso de Carlos Serra y Pickman, el de su ingreso en la Real de Bellas Artes de Santa Isabel de Hungría; repasó a Tirso de Molina, a Lope de Vega, a Vélez de Guevara, a Rojas Zorrilla, a Juan Valera, al Luis Vives de *Diálogos*, a Lope de Rueda en *El deleitoso* y al arcipreste Juan Ruiz. Por último diré que ha recurrido a tratados, comentarios y recetarios de especialistas como Carmen Burgos, Néstor Luján, Martínez

Montiño, Pardo de Figueroa (Doctor Thebussem), Dionisio Pérez y, por supuesto, Ruperto de Nola.

Si de algún texto no citado saqué datos, pido disculpas, que a olvido se debe la ausencia. Quede constancia también de que me valieron orientaciones, aclaraciones y noticias de algún que otro amigo a los que pregunté en algún momento o que sin preguntar me ayudaron. Si este librillo fuera doctoral, y anglosajón por añadidura, tendría que escribir sus nombres como preceptiva cortesía. Como no lo es, no lo hago, pero ellos cuentan, y lo saben, con mi gratitud.

Gastronomía sevillana,
tomo integrante de la trilogía sevillana
de Manuel Ferrand,
se terminó de imprimir
para EL PASEO EDITORIAL
en el mes de octubre de 2025,
año del centenario del autor.